老黑的 FIRE 生活實踐
——FIRE 前 vs. FIRE 後

Before

After

FIRE 前的二月天（1978）vs. FIRE 後的二月天（2013）

Before

After

FIRE 前的工作場所 vs. FIRE 後的工作場所

Before

After

FIRE 前的交通工具 vs. FIRE 後的交通工具

Before

After

FIRE 前的旅行方式 vs.
FIRE 後的旅行方式

Before After

FIRE 前的娛樂方式 vs. FIRE 後的娛樂方式

Before After

FIRE 前的演講 vs. FIRE 後的演講

After

Before

FIRE 前穿的西裝 vs. FIRE 後穿的西裝

Before

After

FIRE 前的運動方式 vs. FIRE 後的運動方式

老黑的FIRE生活實踐

財務自由，實現自我不是夢

田臨斌（老黑）——著

Financial Independence,
Retire Early

越早規劃，越早享受

曾琬鈴

Winnie散漫遊版主／《不上班也有錢》作者

二〇一三年時，我在網路上分享了一篇文章〈我們三十多歲退休環遊世界，你也可以！〉文章一出，罵聲四起，還因為太驚世駭俗，登上了許多媒體。而當年少見多怪的提早退休族，在近幾年有越來越多、越來越年輕的趨勢，新聞接二連三的報導，讓大家開始對FIRE族感到好奇。FIRE——財務自由、提早退休更變成了一門熱門顯學，翻譯書陸續出現在暢銷書架上。

其實何必看翻譯書，早在FIRE大流行時，臺灣的提早退休始祖黑哥就已經實踐了十五年以上這樣的生活。第一次見到黑哥，是在他主辦的「今年開始，

人生都是自己的」講座上，聽著他的分享，我在台下點頭如搗蒜。沒錯沒錯，我們也是照著同樣的方法達成提早退休的，可見要達成FIRE，是有一套SOP可以遵循，而且那方法還真的簡單到會以為我們在騙人。

每次看著黑哥分享他退休後的生活點滴，都覺得他就像位得道高僧，在渡化世人，讓更多人能早日脫離工作的苦海，徜徉退休後的加勒比海。大多數人也都可以不到六十就享受退休的美好生活，只要越早開始規劃，就越早享受。

至於怎麼做？就看臺灣提早退休第一人，黑哥的FIRE實踐十五年來的心法。

退休之後，無限可能

黃世岱（蛋黃）

《第三人生太好玩》作者、「關懷小丑協會」創辦人、退休VP

　　一九七八年，我在美國研究所畢業後就踏入美國科技業職場，第一次拿到薪水單，發現有六％的薪水被扣繳「社會安全」（Social Security）退休基金，等退休後才能提領。

　　時年二十八歲的我，離退休還有三、四十年，想到繳的錢要等到三、四十年之後才能使用，偏偏競爭最激烈的科技業折壽，不知道退休後身體狀況能不能夠擁有健康地去享用，特發奇想：如果能借貸退休基金的錢，環遊世界、增廣見聞，充實了自己的生命智慧之後才開始職業生涯，那有多好啊！

　　結果我工作了三十五年，才於二〇一三年從美國

搬回台灣，開始我的退休人生。如果我能夠早在四十年前拜讀田臨賦的《老黑的FIRE生活實踐》這本書，超前佈署，實踐「FIRE前vs. FIRE後」的生活方式，在FIRE前「多賺錢、少花錢、投資理財」，說不定我會跟老黑一樣，工作二十多年就退休，不會多浪費十年的寶貴生命在職場上，而且還可以學習書中所說的「企業階梯怎麼爬」，說不定工作上比「退休VP」的我，會有更大的成就。

認識老黑是在二年前我們各自以「樂活講師」，在銀行的VIP客戶群面前分享如何翻轉退休人生。演講後我馬上加入「老黑看世界」的臉書專頁，成為老黑的粉絲，追蹤他的FIRE後生活。

我發現老黑在職場上只「受苦」二十二年，四十五歲就退休，出過六本書，考取街頭藝人證照，全馬與鐵馬運動健將，環遊世界多次並到過近百個國家……等等，而且還是功成身退的CEO！

老黑不單只是我的偶像，而且是一個能夠以理性與感性兼具地去翻轉退休人生的奇才！

　　在《老黑的FIRE生活實踐》一書中提到，他曾是跨國企業的CEO，在FIRE前理性地告訴我們如果想壯年退休，「真相只有一個」（The Moment of True），就是提早投資理財，而且需要精打細算的「結果導向」（Result-oriented）去累積比別人多十年以上的退休金。

　　在感性方面，老黑在FIRE後，保持著如同年青人般的好奇心、熱情、行動力，挑戰學習新東西，做自己喜歡做的事情，跳出舒適圈，接觸多元不一樣的價值觀，從世界的高度來看自己、認識自己、完成自己。

　　無論您是退休族、還是準退休族，打開這本書之後，您會發現「退休之後，無限可能」！

推薦短文

· 雖然我熱愛工作，但我知道，有一天我終究要從職場退休。退休前要如何規劃退休後的日子，絕對不是等到退休後才去想。讀了老黑這本書，讓我更加篤定退休後的幸福人生該怎麼過。

——吳家德（NU PASTA總經理）

· 老黑哥哥一直是大家的目標，人生自己選擇，在健康的時間歲月好好的周遊世界。很多人心中都有要環遊世界的夢，但人世間的事一件又一件，生活的瑣事一椿又一椿，到了錢存夠了，身體也無法承受出國的壓力。人要痛快趁年輕，很多事，現在不做，以後一定會後悔。黑哥是讓人羨幕的。

——邱敏寬（理財達人）

不只FIRE前，更教你FIRE後

　　我四十五歲離開待了二十二年的職場，現在六十歲，過去十五年出過六本書，當過四年街頭藝人，環遊世界兩次，搭郵輪五百多天，到過近百個國家，動過四次手術，單車環島一次，跑過幾場半馬和一場全馬，演講數百場，得過一陣憂鬱症，讀過數百本書，碰過史上最長牛市，和兩次金融風暴。

　　十五年來一直有個困擾：不知該如何向人介紹自己！

　　說「退休」多數人以為開玩笑，說「作家」自己覺得不好意思，說「街頭藝人」怕對方尷尬，說「無業遊民」又似乎缺乏誠意，偶有媒體報導問要用什麼頭銜，我都說：「隨便！」於是樂活家、退休

CEO、旅遊達人、網紅部落客、旅行作家等，視報導主題不同，都被使用過。

前陣子第一次看到「FIRE」這個名詞，上網一查發現有好幾本暢銷書都以此為名，再進一步了解，天啊！這不就在說我嗎？我終於知道自己是什麼東西了，原來當了十五年的FIRE族而不自知。趕緊將書買回來仔細研讀，越讀越發現書中所講，狀似艱深的各種理論和行動，不過是把我過往的經歷文字化而已。

對於和我一樣以前沒聽過這個名詞的人，FIRE簡單說就是取Financial Independence, Retire Early這四個英文字首形成的縮寫，形容普通上班族藉由多賺錢、少花錢，投資理財這三件事而儘早達到無須工作，僅靠被動收入就溫飽無虞的人生階段。

這個名詞出現於九○年代，過去十年在美國形成一股風潮，大量相關書籍、部落格、播客、論壇、群

組應運而生，追求者年齡層涵蓋相當廣。從面臨退休的中年人到剛入社會的小鮮肉都有，畢竟對自由生活、自主人生的嚮往人人皆有，只是受全球經濟、社會變遷影響，年輕世代似乎更熱衷一些。

如今這股風潮吹到亞洲，我這個資深FIRE族自然也得寫本書來共襄盛舉，但本書不會講太多理論或準則，更多的是價值觀和行動。因為經驗告訴我：人不能一面吃喝玩樂、一面想提早退休，或一面睡到自然醒、一面又不知醒來要幹嘛，只有當心態對了，正確的行動才會持久，期待的結果才可能發生。

我不是理財專家，因此書中不會有許多數字表格、金融術語；但那不是重點，因為多數的FIRE族都不是理財高手，他們成功的原因不是靠複雜精妙的投資技巧，而是真正理解金錢的作用和意義，以及由此衍生出的理財紀律，這樣的紀律同樣適用於FIRE生活的其他層面。

我也不是社交高手，因此書中不會出現許多「我有一個朋友如何如何」的引用，更多的是個人追求FIRE過程中的心路歷程和心得感想。其中有做對的，也有做錯的，無論對錯，它們都是實實在在發生過的事，應能提供想走這條路的人最直接有效的參考提醒。

　　我更不是所謂的人生勝利組，沒有富爸爸、沒中樂透、學歷非碩非博，工作經歷還比一般人短得多，沒小孩造成的影響也絕不如有些人所想的那麼大。之所以能提早退休，自認確實有些過人之處，但不是大家心目中的「成功」，反而是對和主流價值不符，不求出人頭地，但求活得自在的堅持。

　　或許這本書有別於其他書最重要一點是，它不只教你如何FIRE，更教你FIRE之後如何。人人都想炒老闆，但真的炒了以後呢？又或許你做不到FIRE，但總還有退休的一天，然後呢？睡到自然醒的日子只

會讓人爽兩個禮拜，不管是否FIRE，life goes on，人生下半場需要的規劃和實踐，一點不少於上半場。

　　我在二〇一二年出版《45歲退休，你準備好了？》，之後簡體版在新馬上市，至今迴響不斷，部分讀者來函和我的回覆穿插在文章之間供大家參考。每個人的工作、經濟、家庭，和健康狀況都不一樣，他山之石、可以攻錯，只要對活出自我有類似嚮往，相信必可從這些對話中獲益。

　　說了這麼多，希望你已經迫不及待開始FIRE，那就來吧！

老黑的FIRE
生活實踐

目錄

第二部
FIRE後之實現自我

第一部
FIRE前的職場生涯

FIRE的5W1H

與其說它教人如何買股票賣基金，不如說它指出一條有別於傳統的人生道路。

What：FIRE是什麼碗糕？

Financial Independence, Retire Early.

財務獨立，提早退休。

財務獨立：被動收入大於或等於必須開銷。

提早退休：早於法定年齡離開職場；不代表不再工作賺錢，只代表無須為五斗米折腰。

Why：為何FIRE？

不想：看老闆或客戶臉色，成天煩惱入不敷出，勉強做不喜歡做的事，加班加到厭世，健康狀況每況愈

下，和理想抱負漸行漸遠，以下類推。

想要：每天睡到自然醒，陪小孩一起成長，和家人朋友共度歡樂時光，望著大海發呆，回學校念有趣科目，專心發展嗜好專長，到處旅遊，以下類推。

Who：誰要FIRE？

適用：為溫飽而努力工作打拚，期望儘早脫離職場苦海，不再處處受制環境的人；尤其適用有夢想，想要有足夠時間精力，無後顧之憂地實現自我的人。

不適用：富二代，中樂透等特殊分子；心中無夢，過一天算一天的人。

When：何時FIRE？

越早越好，但永不嫌遲。

複利效果需要時間積累，身體健康和興趣嗜好也都需要長期培養，好日子不會從天上突然掉下來，需

要儘早立定志向，窮一生精力追求理想生活。

Where：在哪FIRE？

看似無關的因素，其實事關重大。

工作地點大幅影響收入高低，生活地點大幅影響開銷高低，隨需要在不同人生階段移動居住地點，可以達成看似不可能的目標。

How：如何FIRE？

FIRE定義的財務門檻是存夠年開銷的二十五倍。以每月需花費五萬為例，一年要六十萬，二十五倍就是一千五百萬。穩定投資理財可帶來五％年回報，花四％（六十萬），在不動用本金前提下，足夠長久應付日常支出和通貨膨脹。由定義可知，達到目標有三個關鍵要素：1.增加收入，2.減少支出，3.投資理財。

FIRE的另一個關鍵數據是「儲蓄率」，不管收入高低，在每年五％複利前提下，存二十％需要三十六年，存五十％需要十六年，存八十％則只需要五年，即可達成財務獨立目標。以每月收入十萬為例，以上三例分別代表八萬、五萬和二萬的月支出，支出越低儲蓄率越高，財務獨立門檻越低。將收入、支出、投資回報等變數鍵入以下網頁中的公式，即可計算出自己離FIRE的距離。

https://playingwithfire.co/retirementcalculator/

以上幾乎就是FIRE的所有內容，簡單吧？

難是難在執行。理論有沒有瑕疵，當然有，仔細一點的人馬上會說怎麼可能收入和支出永遠不變？或問，如果碰上金融風暴、物價失控、家人需要幫忙、

受夠節儉、想花錢享受、臨時需要大筆醫療支出，或一不小心活太久把錢花光，怎麼辦？

兵來將擋，我個人的方法是在理論之上，再加三個條件1.**有自住房**，2.**有醫療保險**，3.**無負債**，有些人可能繼續兼職工作，甚至開創事業第二春，或移地而居，更降低日常花費等。理論是死的，路是人走出來的，何況這些危機可能永遠不會發生，重點是，不試你不知道。

總而言之，FIRE是一個方法，更是一個觀念，與其說它教人如何買股票賣基金，或如何省吃儉用斷捨離，不如說它指出一條有別於傳統的人生道路。這條道路不是康莊大道，自然也有風險，需要被小心管理，但是對於人生有別於傳統期待的人，走這條路可能帶來的回報，值得所有的犧牲和努力！

↓ 讀者來函

　　我今年四十六歲。真後悔太晚買您的書，上個月我急性肝炎發作休養二個星期，這個月初我父親驟逝，我真的很遺憾之前忙於工作都沒有花時間在陪伴親人身上，至今很難釋懷。

　　我在電子業也工作近二十年薪水也算不錯，您書上寫的退休條件我基本上都符合，本來就萌生退意，只是自己捨棄不下，有多上一個月班就多領一個月薪水的心態，再加上又覺得退休又太年輕。但是我父親的驟逝讓我突然醒來，我不應該把我下半場的人生都花費在工作上，我要把大多時間花在保養身體及陪伴我母親身上。

　　我想請問學長，可以建議我是否應該立即退休？我是真的想退了。另外退休的時間安排是否有建議，除了保養身體及陪伴我母親？

附註：我本身唯一的嗜好就是股票理財。

David

↑ 老黑回覆

學弟好，退休真的很容易，明天遞辭呈，後天就退了！難是難在接下來如何過生活。我猜想你眼前沒有經濟上的問題，但還需要找到新的挑戰和學習成長。我們從小到大都只要努力念書，工作就好，不需要真正摸索人生方向，一旦退下來容易徬徨失措，但也不需要心急，給自己一段時間，只要願意多嘗試一定會慢慢摸索出方向。

如果真的唯一嗜好是股票理財，那就鑽研下去，寫理財書、分享經驗等等，但你確定嗎？建議你先不要給自己設限，也先不要把賺錢當成嘗試的動力，人的潛力是很大的。

剛退下來，除了多花時間保養身體和陪伴家人之

外，建議你多看書和旅行，這個階段最重要的任務是

「找回自己」。

退休餘命與長命百歲

活到百歲是過去人們難以企及的夢想，一旦真的可能發生在自己身上似乎就沒那麼美麗了！

新聞報導幾家美國大型企業聯手做了一項調查，發現六十五歲屆齡退休的員工退休後平均可以再活……十八個月，不是十八年，是一年半（平均壽命不到六十七歲）！

相信許多人抱著懷疑眼光看這則報導，我倒一點都不驚訝，因為以前工作的歐洲企業一直有做類似調查，數字一直都是兩年左右，和美國的調查結果差不多。

有意思的是，調查同時指出，如果提前在五十五歲退休，平均餘命則可大幅成長到二十八年（活到八十三歲），如果五十歲就退，餘命更可長達三十六年

（活到八十六歲）。簡單總結就是：**1.越早退休活越久，2.過五十五歲，每晚一年退休少活兩年！**

原因其實不難理解，上班族壓力大，身體大都處於「亞健康」狀態，年輕時忍忍還可以扛過去，中年之後，緊張生活將日漸惡化的病灶勉強壓住，一旦放鬆，就像洩氣皮球，各種毛病傾巢而出。

弔詭的是，通常人們不願或不能早點退休的考量大都是：錢！

早退錢少，生活匱乏，晚退累積較多財富，卻來不及享受就和世界說拜拜。歐美企業之所以做這項調查，正因為他們發現預算中多出一堆發不出去的退休年金準備金。

臺灣目前平均實際退休年齡是五十九歲，應是政府法規、市場現實、家庭狀況、個人價值觀等多重因素相互作用的結果。這個數字無所謂對錯好壞，只是提供給正在考慮退休，尤其是工作倦勤、健康有狀

況的人參考，別不信邪，用力參考一下歐美調查結果吧！

長命百歲真的好嗎？

政府公布臺灣居民平均壽命突破八十大關，代表我們這代人將比父母輩多活將近二十年！

這只是平均數字，其中包含早夭、意外等。換句話說，從統計學角度看，如果一個人符合「1.已滿四十歲，2.目前沒有足以致命的嚴重疾病」這兩條件，那麼，就有相當大的機會能活到一百歲。如果還碰巧符合第三個條件：是女生！那活到一百歲的可能性更是大增，因為女性比男性長壽不少。

活到百歲是過去人們難以企及的夢想，所以才有祝人「長命百歲」的賀詞，但一旦真的可能發生在自己身上似乎就沒那麼美麗了。我在講座上問大家想不想活到一百歲，多數人說不要，問活到百歲是好事還

是壞事，各種回答都有，但多數偏負面。

　　其實這問題沒有標準答案，對有準備的人來講長壽確實是好事，想想看，不缺錢、身體健康、有許多有趣的事要做、有意義的夢要追，別說一百歲，最好活到兩百；反過來，沒錢、臥病、沒有興趣理想，活越久只是越痛苦，成為他人越大的負擔而已。

　　重點是，不管好不好、要不要，臺灣不像有些國家有安樂死，長命百歲必將是我們這代人的宿命，為此，不需要放鞭炮，也不用流目屎，均衡做好金錢、健康、職志的準備，既然人只能活一次，那就好好活吧！

退休之退與休

有錢和健康好的人不一定活得好;活得好的人生活
一定有重心。

退休的英文是Retirement,但其實這個字只有
「退」,沒有「休」的意思。我猜中文詞義是以農業
社會為時空背景,農夫務農沒有年齡限制,直到做不
動為止,做不動自然就得退出工作行列,進行下一個
動作:休息!

退休的另一個意涵是「停止賺錢」,工作勞心勞
力,目的是換取金錢養家活口,退休代表不工作,自
然也就沒有金錢收入。那麼,沒有收入的勞心勞力算
是工作,還是退休?答案:不知道,因為以前很少有
人這麼做。

當年離開職場時我就覺得「退休」是個過氣名

詞，《45歲退休，你準備好了？》自序中說：「相信不久將來，專家會發明一個新詞定義離開職場後的人生」，到目前為止新詞尚未出現，「退休」倒是越來越過氣。

之前說過，人越早退休活得越久，那是統計學上的事實，但「活得久」不等於「活得好」，活得好需要符合幾個條件：1.**不缺錢**，2.**健康無大礙**，3.**生活有重心**。

一般人把注意力集中在前兩項，其實這兩項只能算是活得好的必要條件，功用是支撐第三項，第三項才是充分條件，講白話一點就是：**有錢和健康好的人不一定活得好；活得好的人生活一定有重心！**

繞了一圈又回到退休定義，我不想玩文字遊戲，只想說明，現代版的退休是「退」出職場，但不是開始「休」息，而是開始從事不以賺錢為主要目的的「工作」，為的是自我實現，也可以說是為了……活

得好！

在這個前提下，我們可以說比爾蓋茲從高科技業退休後活得很好，不是因為他有錢有名，而是生活有慈善事業作為重心；成天有事沒事逛號子和逛醫院的退休族活得不好，不是因為窮或健康差，而是生活缺乏會做、喜歡做，和有意義的事。

作家李敖去世前纏病多年，那時他說只要還能寫東西就感覺還活著，但如果病到什麼都做不了，或完全失智怎麼辦？那就學傅達仁，選擇早死早投胎吧！

關於「退休」的Q&A

Q：錢不夠不能早退休怎麼辦？

A ：那就繼續工作啊！但請想清楚什麼叫「不夠」，溫飽？子孫？必要／想要？說到底，人活在世的目的不是賺錢，如果生活拮据當然要繼續工作，

如果工作本身就是喜歡做、會做，做了有意義的「職志」，也應該繼續工作，直到做不動為止。但如果生活已得到一定程度保障，工作內容又不盡如人意，那就該放心大膽從事職志，追求夢想。許多人猶豫是因為想等到「準備妥當」那天，不要等，因為根本沒有那一天，而時間和精力很容易在等待中蹉跎殆盡！

Q：退休後是否還能兼職？

A：當然可以！但除非必要否則不要以賺錢為主要目的，例如有人因興趣開民宿、咖啡廳，或兼差、做義工等，即使不賺錢也賺其他。有句話說：「財富不見得創造快樂，快樂通常帶來財富」，退休後做會做，愛做的事只贏不輸。

同樣道理，退休後畫畫不要以開畫展、運動不要以拿獎牌、念書不要以拿學位為前提，放下退休

前一切以「功利」為主的行為準則，一開始不容易，習慣後能達到的成就、獲得的樂趣，會更高更多。

Q：想早退休家人不支持怎麼辦？

A：這是不少人的困擾，建議想清楚生命中最重要的人是誰？這件事對他（們）有何影響？許多人其實不是反對，而是害怕未知，向他們講清楚可能的好處和壞處，以及因應之道，至於其他目前看似重要的人，如長官同事、親戚朋友，甚至父母親等，相信我，不重要！

Q：我不像你會寫作，彈吉他，退休生活找不到重心怎麼辦？

A：我也不會畫畫或園藝啊！各人職志不同，重點是找到並從事屬於自己的職志。也千萬別說自己沒

職志，每個人都有，如果不知道或知道卻不做，
通常因為放不下名利、面子等過去認為理所當然
的東西。

退休可能碰上的問題百百種，不用羨慕別人，因
為沒有人生是完美的，解決問題關鍵是不人云亦
云、隨波逐流，建立真正屬於自己的價值觀，並
堅持到底！

Work to Live, Live to Work

不要把熟悉視為理所當然，跨出舒適圈，接觸多元，從不一樣的價值觀中認識世界、認識自己。

我在三十六歲之前從沒懷疑過人生就是上半場念書、下半場工作，而既然念書的目的是準備工作，所以，人活在世一切都是為了……工作！

讓我改變想法的是三十六歲到澳洲工作生活兩年多，澳洲不是我選的，我當時希望去總公司所在的倫敦，但沒有適合機會，於是退而求其次，到其他規模較大的分公司觀摩學習，碰巧澳洲有缺，否則也有可能去新、馬、泰國等亞洲國家，因為當地分公司規模都比臺灣大。

事後回想，我非常慶幸是澳洲，不是因為它繁榮進步、景色優美，那些當然不錯，但我不是去觀光旅

遊；也不是因為工作環境好、學習機會多。我相信在更熟悉的亞洲國家可以學到比在陌生澳洲更多工作技能，但當我兩年後離開時，卻有一種脫胎換骨，充滿成長喜悅的感受。

我的學習成長來自澳洲的生活方式和價值理念，此前在臺灣工作十幾年，加班加點是工作常態；有事固然要加班，沒事也得賴在辦公室，否則就顯得閒著沒事幹。同事取笑，看在老闆眼裡也不加分。不是只有我，所有人都一樣，那感覺就像大家相互監視，合作揪出準時下班的敗類一樣。

澳洲公司總部在墨爾本，規定下午五點下班，已經比臺北早半個鐘頭，重點是臺北下班時間純屬參考，這裡時間一到多數人立刻收拾物品走人，路過還在座位上的同事順便丟下一句：怎麼，家庭不溫暖？

我一開始很不習慣，不知多出來的時間如何運用，以前下班如果直接回家，就是吃飯、看電視、睡

覺，不回家通常和同事聚餐、喝酒罵老闆，然後回家睡覺。我不清楚澳洲人下班後會幹嘛，後來混熟才知道他們下班後活動可精采了，上健身房、接小孩去公園玩、上課、在家後院BBQ，夏天（白晝很長）甚至還可以打十八洞！

這種生活方式完全顛覆我過往以工作為主體，偶爾休閒狂歡的習性。而且不只上班日，澳洲年假比臺灣多，卻不像臺灣經常不能或不敢用完，他們絕不漏掉一天。同事湊在一起很少談公事，最普遍話題是旅行，辦公室裡隨時有好幾個剛旅行回來的人，當時我的感覺是這幫老澳不是正在旅行，就是正在計畫旅行中。

漸漸地我也開始入境隨俗，剛開始有點罪惡感，後來發現工作效率並沒有因此打折，換句話說，以前下班賴在辦公室根本是浪費時間。我和老婆開始規劃以前從未實現過的長假期，開車走訪澳洲各地，我的

球技在那兩年也精進不少，而最最重要的，我人生第一次理解到Work to Live和Live to Work的差別。

關於這兩句話，多數人對前一句「為生存而工作」較容易理解，因為反應普遍現實，但對後一句「為工作而活」較難完全明白，其實這句話很接近馬斯洛需求[1]中最高層的「實現自我」，也就是把老天賦予的特點長才發揮出來，如何發揮？工作！活到老，學到老，工作到老！

搞了半天，原來我過去以為人活在世一切為了工作的想法是對的，只不過對工作的定義有了新看法，人生上半場為成家立業努力打拚，下半場轉為為實現自我而勞心勞力。

1　馬斯洛的需求層次理論（Maslow's hierarchy of needs）是亞伯拉罕・馬斯洛於一九四三年《心理學評論》的論文〈人類動機的理論〉（A Theory of Human Motivation）中所提出的理論。他使用了「生理」、「安全」、「社交」與「尊重」、「自我實現」與「超自我實現」等需求，提出了人類需求的脈絡。

世界這麼大，可以去看看

我四十五歲離開職場後偶爾會碰到「浪費生命」的批評，有種說法是工作意義不只賺錢，還有社會責任，如果人人都提早退休，社會國家怎麼辦？我舉雙手贊成，對我而言，離開職場的目的不是為休息狂歡（當然那些也要），是為做會做、愛做，有意義的「工作」，而且我深信因此對社會的貢獻比以前更大。

類似的生活形態當然不是只有澳洲才有，而且也不是完全沒有缺點，想說的重點是，不要把熟悉視為理所當然，跨出舒適、接觸多元，從不一樣的價值觀中認識世界、認識自己，從而選擇最適合自己的人生道路，這也是我經常鼓勵大家「走出去」的原因。

幾年前有位公司員工打算離職，她在給公司的辭職信中只寫了兩句話：「世界這麼大，我想去看看」，這封信被無數上班族流傳，除了很酷，也傳遞出從Work to Live轉換成Live to Work的心境。

老黑，您好。

Please allow me to type in English as this will be faster.

My name is SK, 53 year old, I am writing from Malaysia, I have bought your book about 6 months ago and it really touch my heart and soul, after that I am looking for your other publications and bought all of them.

I am a private practising dentist for 27 years, I have made some monies, can be considered as financially free without any debt and major commitment.

I have been thinking of retire from the profession and looking for some other meaningful and quality of life as I am too tired with the days in and days out monotonous type of job.

My problem is always the lack of courage to make

such a move and I am always at the cross road which is very

annoying like a rat race. I have repeatedly read your book for

the third time and almost fulfilled all the requirements as you

have stated for immediate retire to look for the life which

I am desire but always worry about the loss of the lucrative

daily income which I am so familiar with.

I humbly seek for your advice to make the first move.

SK

↑ 老黑回覆

You're not alone. I know many people (including

myself some 15 years ago) have similar problem.

The dilemma you're facing is that you know what you

don't want to do but don't know for sure what you want

to do. Or, put it another way, by making change, you know

what you gonna lose, but don't know for sure what you

gonna gain. And the fact is, unless you give it a go, you'll never find out the answers.

My suggestion is, don't dive in full retirement straight away. If at all possible, take a long vacation (1-2 years). Give yourself a chance to lead a different life and find out what you can/like to do other than being a dentist. If things went well, carry on. If not, just go back to your routine.

If you do that, I'll bet you one Ringgit, in less than a year, you would decide to extend the vacation to cover rest of your lifetime!

我的FIRE之路

與其說我運氣好，一路投資失敗還能在短時間內達標，不如說一路投資自己，才有條件在職涯最後階段高效搶錢。

四十歲左右興起離開職場念頭，不是因為工作不順，我的職場生涯和所有人一樣，有高潮有低谷，四十歲時碰巧是高潮，當時剛結束五年外派職務回臺，晉升為臺灣分公司負責人，是首任本地員工承擔這個職務，之前都是老外，意氣風發不在話下。

蜜月期過後，卻產生一股失落感，我當然不反對升職加薪，只是隨責任加重，工時拉長，開始對這些有所警惕，意識到從進社會以來不斷告訴自己：等到××時候就可以××（買車、買房、成家等），如今二十年過了，我離真正想做的事卻漸行漸遠，另一個

二十年轉眼即逝，如果不做改變，到時可能職位更高點、錢更多點，但還有時間和力氣過想過的生活嗎？

另一個警報來自身體，身為Work Hard Play Hard的忠實信奉者，我抽煙喝酒、熬夜加班，二三十歲沒感覺，四十就像魔術數字，一旦跨越，白頭髮、老花眼突然間全冒出來，體檢報告更是紅字一堆。想想假設人可活八十年，四十剛好一半，換句話說，人生從此開始往下坡走！

這些發生在四十歲左右的身體和心理變化就是所謂的「中年危機」，許多人都曾經歷過，多數人的應對方法是：無奈接受！

我不甘願，於是從那時起在工作和生活上訂出新目標，目的是儘早離開處處受限的職場，摸索實現屬於自己的生活。可想而知，新目標中最重要的變數是：錢！

我從小家境普通，父親是軍人，不愁吃穿但不富

裕，一九八四年入社會後一直住在父母家中，不缺錢但也不浪費，貼補家用後還可存下相當比例。記得人生第一次理財是工作一段時間後存到十萬塊，跑去銀行放入當時利率頗高的定存。沒想到「放定存」成了四十歲前唯一成功的理財經驗，因為接下來十幾年可用「全軍覆沒」一詞做總結。

二十八歲碰上臺股首次上萬點，全民瘋狂，我不懂股票卻經不住誘惑，經人介紹參加「股友社」，投入五萬，半年後變八萬，自然加碼，又過半年市場反轉向下，老師跑路，我血本無歸。

隔段時間再出擊，投入當時最夯的鴻源集團，坐領超高利息，人生第一次感覺賺錢好容易，每天下班盤算上哪家餐廳吃飯，歌舞昇平一年多，結局大家都很清楚。這事有個尾巴，鴻源倒閉後我拿到一張債權人證明，沒理會，二十多年後收到一紙法院通知說欠款下來了，叫我去領，連本帶利可領回⋯⋯五百多元

（共投入三十萬）！

又過一兩年打算結婚，不想老賴在父母家中，跑去汐止買了間總價五百多萬的預售屋，付完頭期接著按月繳貸款一年多，房子還沒蓋好，碰上林肯大郡倒塌事件，汐止房價一夜滑坡，又剛巧碰上工作外調在即，短期內無住房需求，於是斷尾求售，前後投入一百多萬拿回三十萬，摸摸鼻子認賠！

外派澳洲兩年，緊接大陸三年，前後五年多，回臺後銀行儲蓄增加不少，本想再次在臺北置產，由於見識過海外生活環境和房價，覺得CP值差太多，加上隨時可能再度外派，於是租房住。積蓄則跑去銀行開了一個投資帳戶，依理專建議，將大部分投在當時正在勢頭上的美國科技股納斯達克。

不出一年，全球網路泡沫，投資幾乎一夜腰斬，我有苦說不出，只能摸摸鼻子繼續努力工作，沒想到隔年911事件從天而降，原本被腰斬的金額再被腰斬

一次。至此我早已無言,但或許正是這些無常觸發之前提到的中年危機,當老天處處跟我作對的時候,我卻興起FIRE的念頭!

財務目標要明確

即使投資不順,由於升遷和外派等因素,當時存款還是有數百萬臺幣,為了能儘早離開職場,達到靠被動收入就「入可敷出」的目標,我做了幾件事:第一是記帳,因為只有清楚知道花費,才能決定財務獨立的目標,否則就會像在黑暗中摸索,越算越怕,越要越多。

接著把被套牢的投資整理一番,一旦有明確財務目標,投資不再是「賺越多越好」,我把錢按比例放在風險度不同的標的物上,形成一個有意義的投資組合,並把每月薪水放入定時定額存基金。另外,雖然不為增值,我在當時居住的北京置產,因為我知道退

休的前提是要有自住房。

　　四十五歲那年公司改組，為減少人事成本推出優退計畫，類似計畫每隔幾年出現一次，對當時的我來說恰好一拍兩合，於是舉手走人。其實我在此之前一兩年即已達成財務目標，換句話說，從開始積極理財到達標只花了三四年，除了之前的積蓄和退休金外，主要是靠職涯最後幾年積累。

　　我服務公司二十二年，最後一任職務是第三度外派，第二度到北京工作，收入高（薪水加各種津貼），開銷低（車、房、稅，甚至休假都由公司支付），加上穩當投資，財富迅速累積。回想起來，與其說我運氣好，一路投資失敗還能在短時間內達標，不如說一路投資自己，才有條件在職涯最後階段高效搶錢。

　　成功FIRE後，不管在經濟或心態上，其實我還是沒有百分百把握確定就此「退休」，心想就當放大

假，給自己一段時間摸索下一步，期間有幾家企業主動找上門，提供不錯薪資條件，說完全不心動是騙人的，但就在逐漸熟悉並找到新的生活重心過程中，我知道我回不去了！

FIRE重要三關鍵之多賺錢

不要被環境限制自己的眼光，想過和別人不一樣的
生活，就要做和別人不一樣的事。

　　FIRE之路有三個關鍵：多賺錢、少花錢、投資
理財，首先來談談多賺錢！

　　個人案例是走最傳統路線：努力打工！我只在一
家公司工作過二十二年，是一家大型外商企業，但在
臺灣規模不大。一九八四年進公司第一份職務是業務
助理（就是打雜），薪水一萬五，當時和父母一起
住，開銷不大，薪水相當比例可存下來。

　　那是臺灣經濟起飛的後期，薪資和物價水準成長
都很快，社會需才若渴，有能力的人機會很多。工作
七八年後，經過幾次職務調整，薪水達十萬，隔幾年
外派海外，薪水連加給可達二十萬，四十歲回臺任職

分公司負責人，薪水約三十萬，最後一任職務再度外派，每月收入換算臺幣將近六十萬，而且是稅後。

由於一直有儲蓄習慣，即使之前投資全軍覆沒，四十歲開始考慮FIRE時仍有數百萬存款，但讓我能快速達標的關鍵是職涯最後幾年，尤其最後三年，那時在大陸工作，責任重、工時長、錢多、花費少，三年積累約兩千萬資產，加上之前積蓄和退休金，讓我毅然決然和職場說拜拜。

說投資自己先於投資理財的原因正在於此，多數教人財務自由的書籍將重點放在理財方法，理財確實重要，但巧婦難為無米之炊，就算賭博也得先有賭本。

投資自己的初期成效不明顯，但成長需要時間積累。我的薪資看似在職涯後期才快速成長，但眼尖的人應可看出，其實前三分之一的增長比例（七年漲七倍），遠大於後三分之二（十五年漲六倍），沒有前

期的投資，就沒有後期的回報，道理和複利類似。

我很清楚現今臺灣就業市場和那時不可同日而語，經歷多年經濟放緩，實質薪資凍結，我過去薪資對許多人來說可能是天文數字。尤其外商如今大幅萎縮，當年最受畢業生歡迎企業前十名大都是外商，現在則全是本土企業，當時稍有野心的人都不願當公務員，曾幾何時，當公務員變成許多人的第一志願。

國際大環境也不利年輕人發展，全球化雖然帶領世界進入有史以來最富裕階段，資本主義撞牆，貧富差距拉大，使得幾乎所有已開發國家年輕人被扣上「下流世代」帽子，注定比上一代更貧窮。在臺灣，22K曾是許多人的夢魘，好不容易掙脫，還得背負前人留下各種社會保險制度瀕臨破產的危機。

但即使如此也無須氣餒，因為有危機就有轉機。首先，這一代人的學經歷比上一代好得多，教育改革雖受批評，上班族平均學歷大幅提升是不爭事實，如

何轉換成生財能力則各憑本事，套句臺灣父母最在意的話，起碼「贏在起跑線」！

其次，科技快速發展，就業型態不像過去硬邦邦，各種有別於傳統的賺錢方式如網拍、直播、部落客、顧問、接案、兼差，授課等應運而生，也就是所謂的「斜槓」。有關這點個人看法還是要以累積專業為前提，因為只有專業才可能賺大錢，例外是到海外打工，雖不專業但能累積生活技能和視野，對長遠職涯大有幫助。

最重要的，即使有上述種種不利因素，高薪工作其實並沒有消失，只是換了地方和領域，要用和以前不同方法去找去做。記得以前曾有人跟我說：你運氣好，臺灣和中國大陸景氣都被你趕上了！說得好，的確是事實，但我想反問對方的是：那你要趕的景氣在哪裡？準備好去收割成果了嗎？

事實是，我服務的公司一向不以高薪著稱，從國

際職場角度看，我做的職位和領的薪資也大不了算中上，而我的學歷還比不上許多現在年輕人，關鍵在於是否有能力和勇氣跨出舒適區。如今國際職場薪資水準並不比以前差，當臺灣社會一片哀鴻的時候，還是有不少人默默吃三碗公，只因他們懂得跳出熟悉，鑽出門道。

眼光放遠，做不一樣的事

　　幾年前回臺後受老同學之邀，偶爾去中山大學和學生座談，記得當時有位老師對即將研究所畢業學生說，某某企業起薪高，表現好很快可破50K，同學們聽了頗受鼓舞。換我時我說，為何把目標放在50K，而不放在500K？我知道這麼說對學生來講可能太遙不可及，但我也相信人要先有視野，才有相應行動。

　　多賺錢的方法當然不只當上班族，但其他行當我不懂就不多說。事在人為，不要被環境限制自己的眼

光，想過和別人不一樣的生活，就要做和別人不一樣

的事！

FIRE重要三關鍵之少花錢

> 沒有一個FIRE族是沒有簡樸習性的，斷捨離對FIRE
> 族來說，不是想要，也不是需要，是必要。

　　如果上班族不能領高薪，或非上班族不能賺大錢，是否就不能FIRE？當然不是！在FIRE運動起源的美國，FIRE族大都是收入普通的年輕人，許多甚至可被稱為美版22K，他們憑藉的，除了盡量想辦法開拓財源外，更在於縮減生活所須的支出。

　　打個比方，月入五萬，投資回報五％，按照FIRE存二十五年所須以達到財務獨立目標的理論，需要花多少時間？舉三種狀況為例，月花四萬（儲蓄率二十％）需要三十六年，月花三萬（儲蓄率四十％）需要二十一年，月花二萬（儲蓄率六十％）需要十二年。換句話說，即使收入不增，只靠縮減開支

也能大幅縮短通往天堂的時間。

至於如何縮減開支，這是許多書籍、論壇、播客討論的重點，各門各派招數不同，從大家熟悉的每天少喝一杯「名牌」咖啡，到住在拖車裡三餐簡單自理都有，有些容易模仿學習，有些可能不適用我們的生活環境，但無論如何，有幾項共通原則：

首先是必須養成「斷捨離」的生活習性，這三個字代表的是：「斷」絕不需要的東西，「捨」棄多餘的廢物，脫「離」對物品的執著。原本只是一本日本作者寫的書名，書中教人如何處理生活雜物，因為暢銷，後來從處理雜物逐漸發展到處理人際關係、工作，甚至穿著打扮。

斷捨離的道理其實很簡單，重點是想清楚事物的必要、需要，和想要之間的區別。拿咖啡為例，通常名牌咖啡是想要，超商或自備咖啡是需要，而對許多人來說，喝咖啡根本沒這個必要。古代人沒有這方面

問題，因為物資匱乏，僅夠生存，現代人硬是先累積一堆需要想要的玩意，再把自己煩死累死，標準庸人自擾。

要少花錢自然要斷捨離，但其實斷捨離的好處遠不只省錢，一旦心態養成，在工作、生活各層面都有助益。**終極目標是讓自己不管在金錢、時間，心思上都不受外界無謂打擾，有餘裕去做真正想做的事，過真正想過的生活**，而這點恰好和FIRE的目標不謀而合。

斷捨離是FIRE族之必要

或許和個性有關，我在還沒接觸這些理論前早就斷捨離了，記得以前公司不定期舉行辦公區域整潔比賽，有回檢查時我剛好出差在外，聽說此事心想我的辦公桌平時幾乎空無一物，我不贏誰贏？結果沒贏，一問才知道檢查人員以為我的辦公室是空的，無人使

用。但那只是我,有些人必須很辛苦才能做到,而辛苦是值得的。

有些書籍把省錢方法形容得很仔細,有興趣的人可以找來看看,在此不贅述。一般生活費用大致不出食、衣、住、行、育樂、醫療幾大項,雖然個人生活習性不同,但對多數人來說最花錢的應該是住和醫療(包含保險),而最花錢的地方自然也最容易省錢,可惜人們常忽略這點。

拿住來說,租房成本高不在話下,自住房佔用大筆可用來投資生財的機會成本,通常不同城市的物價差兩三成已經很厲害,房價卻動輒可差三五倍。以我為例,當年從北京搬到高雄,賺的(或可說省的)差額雖不是FIRE原因,卻讓我的退休生活溫飽之外還有餘裕遊山玩水。

年輕人健康好,不覺得醫療很花錢,加上臺灣健保包山包海,保費不高,因此常被忽略。事實是,人

過中年身體狀況下降很快，一不注意醫療花費很嚇人；健保也不是天上掉下來的，費用遲早要從每個人口袋掏出。如何省？一個人人都知道卻不是人人都做到的撇步是：運動！養成運動習慣，省錢又享受，而且越早開始省越多。

　　以上，即使收入不高，僅靠減少支出也可FIRE，如果收入增加的同時還能減少，或起碼維持支出，自然事半功倍。投資理財做法百百種，達標各憑本事，但有一點例外，那就是沒有一個FIRE族是沒有簡樸習性的，斷捨離對FIRE族來說，不是想要，也不是需要，是必要！

FIRE重要三關鍵之投資理財

我從那些失敗經歷中學到兩個關鍵教訓，1.理財不是選項，2.理財不是賭博。

寫退休理財書的人通常是理財達人，我年輕時是理財阿達，照理講沒資格說嘴，但話說回來，我已離開職場十五年，期間不但溫飽無虞，還能遊山玩水，總資產不減反增，實際經歷的參考價值應該不比紙上理論差。

之前說過我四十歲前所有投資理財唯一沒賠錢的是放定存（如果那也算投資），其他不管股票、放貸、房產、基金，一律全軍覆沒，有段時間我成了公司裡的反風向指標，同事間流傳：投資前最好先打聽一下Roy最近買什麼，就賣什麼；Roy賣什麼，就買什麼，準沒錯！

事後回看，我覺得自己不但不倒霉，反而可算幸運，因為那些失敗全發生在年輕、賠得起的時候，如果是現在，人生很可能就此一蹶不振。更重要的是，我從那些失敗經歷中學到兩個關鍵教訓，**1.理財不是選項，2.理財不是賭博。**

不是選項的意思是，上班族只靠存錢一輩子不可能財務自由，必須鼓起勇氣從事有一定風險的投資；不是賭博則是說，投資必須以穩定成長為前提，高回報必定高風險，較接近賭博，不適合以退休為目標的投資理財。

我只花了五年認真準備就達到財務自由目標，除了職涯最後幾年的高薪外，穩當投資理財是另一關鍵。當時因為買房所以現金儲蓄不多，每月收入則用定時定額方式買基金。一旦退休，拿到退休金第一件事是繳清房屋貸款，無債一身輕，儲蓄則調整為多數放外幣定存，少數買債券型基金。

　　我的做法有時代背景，現在很少聽說有人用定存理財，但你可知道三十年前的臺幣定存利率多少？九％！三十年來一路下滑到現在連一％都不到。十五年前澳幣和人民幣定存利率都超過五％，對要求回報率不高的人來說，理財其實是件輕鬆如意的事。至於利率有沒有一天重回高水準，世事難料，不要太短視。

　　那為什麼還有那麼多人投資賠錢？通常不出兩個原因，1.貪，2.短。當年的高利率代表其他投資方式預期回報更高，沒有足夠定力很容易被人性中的貪念帶走。大家都知道複利效果強大，要獲得就必須把時間拉長，短時間內追漲殺跌本來就不容易賺錢，即使運氣真的很好，在對的時間買對又賣對，還是失去時間紅利。

　　FIRE族通常以五％年回報為目標，和我的做法不謀而合，算是相當保守。另有一派用七％當假設前

提，未嘗不可，預計達標時間更可因此縮短，但其他
負面變數，如通貨膨脹或支出水準增加也可能抵消效
果，訂出計畫並確實執行最重要，過程中隨時可做相
應調整。

組合型基金較有利於FIRE族

現代FIRE族面對的銀行利率比我當年低得多，
不管理財達人有何奇術妙招，這麼低利率水準下，要
確保年平均至少五％長期穩定回報，選擇必定有限。

個人建議長期投資兩種產品，一是ETF（股票指
數型基金），臺灣、美國或全球都可以。另外一種則
是近年多家金融機構推出，以退休理財為目標，名為
「××退」的基金產品，各家名稱稍有不同但內容大
同小異。

以上兩種理財產品費用都較低，都具有儲蓄兼增
值的特性，也都符合FIRE長期複利，分散風險的要

求，可以挑選其中之一，或兩種都投。臺灣退休保險制度不如其他已開發國家完善，必須「自力救濟」才可填補多數人退休理財的需求空缺。

至於個股、黃金、期貨，甚至比特幣之類理財方法，一般來說並不適合普羅大眾，更不適合FIRE一族。各種理財書可以多看，各種理財信息可以多聽，多了解金融原理和產品特性有利無害，但看得越多相信你越會發現，以上所提兩種產品，雖然簡單，卻是最適合FIRE一族的做法。

一旦FIRE成功，投資組合是另一回事，這時少了儲蓄和增值需求，重點是保值和固定配利，個人建議投資多年期外幣定存、債券型基金、大型企業海外債，或ETF，比例可隨時調整，貨幣也要分散。此外，不懂的東西，回報過高的東西，不要碰，工作有固定收入，投資失敗可以再來，退休經不起。

房產部分，我雖然退休後從賣房賺到錢，但原因

並不是眼光好或運氣佳，而是選擇居住地的結果。人生買過幾次房，每次都只為自住，不管市場漲跌都不受影響，逮到退休能自由選擇居住地優勢，一舉獲利。個人建議儘早買房，但目的是自住而不是理財，FIRE後盡快還清貸款別再碰房產，因為風險太大，當房東則太麻煩。

　　總而言之，FIRE的目的是儘早開始過自己想過的生活，準備過程中冒些計算風險（calculated risk）是必要的，但不要把理財搞得太複雜，挑定標的物後嚴守扣款紀律，不要三心二意。與其把心思和時間花在沒有獲利保證的金錢遊戲中，不如浪費在必定能為生命帶來美好的事物上。

↓ 讀者來函

自己之前都有投資存股，但因為去年底買了人生第一間房，房貸利息加上有另外每月固定金額提前還本，導致目前沒有餘裕存股投資。

想請教老師，是否應該先還清貸款再來談投資，或是可以同時進行的呢？

WE

↑ 老黑回覆

我認為繳房貸也是一種投資，可以拿來和其他投資方法比較條件後決定是否提前還款。但一旦離開職場，我建議無論如何先繳清貸款，不要欠錢。

守住職場眉角，
在職離開都愉快

再好的公司待久了，還是會成為一隻井底蛙。

離開職場後，有人希望我總結一下二十多年職場心得，對眾多還在「江湖」中打拚的兄弟姊妹提出一些建議，以下是我的嘗試：

一，忠於工作，但不要忠於公司

「拿人錢財，為人消災」是基本職業道德，對眼前工作不滿意就滿腹牢騷，不盡心力，不但自己不開心，別人也一定看得出來，很難有好下場。無論想改善工作狀況、換職位，或跳槽其他公司，努力做好手上工作都是先決條件，所謂騎馬找馬，前提是先把胯下那匹馬騎好。

　　有些人對公司（或老闆）有一種莫名情感依託，在面臨去留時會產生罪惡感。這點完全沒必要，企業就是企業，政策隨盈利狀況改變而改變，再好的公司待久了，還是會成為一隻井底蛙，無論是否滿意現在工作，都要偶爾伸頭往外看看，比較過後做出的去留判斷，才能既符合個人，也符合企業的長遠需求。

　　簡單說，進入職場，不努力工作是一種錯誤，對公司效愚忠是一種更嚴重的錯誤！

二，對公司做的職涯規劃不要太認真，但要抓住　　機會做能發揮創意的工作

　　人在自由空間下，才能學到最多東西，發揮最大才能，許多人只把工作當成謀生工具，不在乎學習或樂趣，有些人在沒有嚴格規範下工作會手足無措，有些人怕犯錯不願意嘗試新事物，這些人付出的代價就是大把青春在無聊沉悶中度過。

企業提供的職涯規劃是以企業長期經營為前提，不是以個人特長為出發點，試想，即使賈伯斯能在企業做到退休，他的職業生涯恐怕也不會很成功。對多數攀爬企業階梯的上班族來說，爬的快一點、慢一點、高一點、低一點，在當時可能是令人睡不著覺的大事，經歷之後回頭看，其實差別不大。

在組織內常聽說某某主管如何傳奇威風，他們只不過是比較精明的商人而已，不值得當成偶像看待，重點是善加利用工作提供的工具和經驗，做個人的「人生規劃」，為一旦離開企業後的生涯做好準備，別忘了人生不只工作，退休後還有幾十年要度過。

三，職場上結交朋友，不要玩弄權術

職場是每天花費時間最多的地方，沒有幾個好朋友日子一定不好過，但企業環境利益糾葛，不容易交真朋友，這時起碼要做到以誠待人。同事關係只是一

時，不要把短暫革命情感認做可長可久的友情，有幸碰上工作內容之外的志同道合，才可能成為長期的良師益友。

企業環境對有權利欲的人來說，是玩弄權術，勾心鬥角的天堂，而事實是每個人多少都有一些對權力的欲望。面對辦公室鬥爭，盡量克制自己，不要在一旁煽風點火，更不要捲入，因為無論鬥輸鬥贏，都輸掉過好生活需要的平靜心情，而一旦養成鬥爭習慣，很容易扭曲人性而不自知。

四，比升職加薪更重要的，是爭取工作外調機會

人要花很多錢才能去陌生地方旅遊，而工作外調能比旅遊更深入瞭解一個陌生地方，增廣見聞、擴大視野，居然還有人為此付你（更多）薪水，天下還有比這更好的事？雖然離鄉背初期的確是個挑戰，一旦克服，生活功力像吃大補丸，無論是另一個城市或另

一個國家，在家庭責任許可下，務必儘量爭取。

　　剛退休時有人問我職涯最大成就，我說四十歲就當上外商CEO，現在問我，答案是三次外調。原因是我後來才看清楚，升官加薪，除了個人努力外，還有許多可統稱為「機運」的東西，即使真的能力過人，作一個精明商人也沒什麼了不起，而外調大幅增進我的生活能力，為後半段樂活人生打下基礎。

五，保有工作以外的生活，不要把工作當全部

　　這大概是上班族最容易犯的錯誤，表面上看主因是環境競爭，但主要原因其實是職場上普遍流行，潛意識中認可一切與工作相關都是正當、重要，典型「工作至上」的價值觀。這種隨資本主義過度發展而來的想法，造成現代人失去許多生活樂趣，取而代之的是對物質、權勢、科技等人工樂趣無休無止的追求。

　　對抗主流價值不容易，首先需要意識問題存在，問問自己平時花多少時間和家人相聚、閱讀、玩興趣、運動、旅行或發呆？這些才是人活在世該做的事，工作是為實現這些，不能反客為主。有人會說現在工作是為某天專心做這些，那除非觀念正確，否則「某天」永遠不會到來。記住：「沒有人臨終時抱怨這輩子工作太少！」

六，養成儲蓄理財的習慣，能自己做的事不要假手他人

　　多數上班族希望儘早退休，這取決於財務自由程度，靠拿死薪水和省吃儉用不容易達到目標，長期投資理財有其必要性。以退休規劃為前提的理財要把握兩個原則：1.長期穩健，2.分散風險。只要看清物質欲求的本質，不做人云亦云的追求，要達到財務自由的目標其實比許多人想像來得容易。

　　如果身為主管，許多原來必須親手做的事可以交由他人代勞，但要分清楚「授權」和「依賴」，尤其像管理行事曆、整理帳單、安排出差，這些事儘量不要假手他人，除了能更好掌控工作細節之外，還能養成有用的生活習慣。工作帶來的光環和便利總有一天要褪去，懂得如何生活才是王道。

　　拉拉雜雜說了一堆，主要目的是希望你不要犯我曾經犯過的錯誤，企業除了能帶來溫飽，也是一個不錯的學習發展場所，但它本身有侷限性，甚至誤導性，看清它、管理它，人生必能更加健康快樂！

Who the mala cares？

自己人生自己過，無須向任何人負責，也不需和任何人辯白。

媒體曾多次報導我四十五歲退休的經歷，有讀者反應羨慕佩服，但也有不少人表示主要原因是沒小孩、高薪、賣房賺錢等，言下之意是參考價值不高。對於這些我通常不回應，但如果發覺對方真的很有誠意，我就會反問：你看到事情一面，是否看到另一面？

相對於有小孩，沒小孩確實在年輕打拚時經濟負擔較輕，累積財富速度較快，但也代表人生必將錯失養兒育女、學習成長的機會，以及退休後含飴弄孫的親情滋潤，更別說老來靠成年子女奉養的可能。

高薪不是天上掉下來的，企業也不是慈善機構，

薪資反映的是責任和績效；外派海外看似光鮮，離鄉背井的辛苦只有自己知道。此外，多數人似乎都沒想過一件事：領高薪很爽，但在事業巔峰放棄高薪需要多大勇氣？

至於買賣房產，相當程度確實可算不勞而獲，但換個角度看，對投資者來說，炒房自有其相應風險，賺錢不容易；而對像我這種自住者來說，獲利是刻意移居成本較低廉城市的結果，如果換其他地方，後果很可能不賺反賠。

我有個不大文雅的口頭禪：「Who the mala cares？」意思是「管他去的」，也就是英文的「Who cares？」，多出來的那個字其實是中文，混在英文句子裡加強語氣而已。

這句話就是我在面對上述他人意見時的反應，管他去的！自己人生自己過，無須向任何人負責，也不需和任何人辯白，別人經驗當然可以參考，但不用拿

來做比較或當藉口，比較只會把自己氣死，當藉口只會阻礙自己的成長和發展。

同樣道理，當碰上有人質疑媒體介紹我是「前外商高階主管」誇大其辭，其實職務沒多大，薪水也沒多高時，我的反應是：Who the mala cares？

當有人用狐疑眼光看一個好手好腳的大男人，平日白天不去上班，卻跑去逛市場買菜時，我的反應是：Who the mala cares？

當參加同學會，事業正處巔峰同學聚在一起相互恭維，焦點轉向自己，氣氛突然變得沉默尷尬時，我的反應是：Who the mala cares？

當有人用手指著正在街頭表演的我，對身旁小孩說「如果不好好念書，以後就會變成這樣」時，我的反應是：Who the mala cares？

當正得意於生活種種，卻發現某些至親長輩對自己抱持堅決反對態度時，我的反應是：撇過頭去，小

聲對自己說：Who the mala cares？

　　凡事有得有失，人不能什麼都要，為了過自己想過的生活就必須做出一定犧牲妥協，FIRE不是我們所處社會的主流價值，而我們所處的又不是一個特別包容多元的社會，如果想走這條路就必須有面對各種質疑挑戰的思想準備。

　　各人生活背景不同，正在追求FIRE人生的你，面對的挑戰很可能跟我不一樣，可能更尖銳，可能更令人難以招架，關鍵是想清楚自身價值優先順序，不要反駁，不要辯白。人不需要改變世界，只需要為自己人生負責，如果碰上苦悶、不爽、生氣時怎麼辦？

　　來，跟著我唸一遍：Who-The-Mala-Cares？

企業階梯怎麼爬？

許多人在升遷競爭中敗下陣來，感覺很委屈，其實經常只是不認識自己。

常有人問我如何才能在企業裡從小職員做到總經理，同時讓薪水成長幾十倍，從而完成搶錢任務，進入財務獨立的人生新階段？

首先我假設問問題的人具有兩個基本條件1.大學畢業或以上學歷，2.英文能力不差。因為這兩點是進入大企業的入門檻，跨過門檻才可以談後續的工作能力、表現、升遷等。進不了大企業當然還是可以賺錢，但方式和方法和所謂的攀爬企業階梯（corporate ladder）不一樣。

進入企業猶如進入一場僧多粥少的比賽，比賽時間長達幾十年，隨時都在與人競爭，贏多輸少就

可能越爬越高，輸多贏少則可能原地不動，甚至淘汰出局。比什麼？比一種可籠統稱為「工作能力」的東西，各企業對能力的定義、著重點，名稱有別，但基本原則大同小異，通常不出以下幾項。

第一項是聰明才智，這也是為何需要一定程度學歷的原因，而講難聽點，學歷的唯一功能大概就是證明一個人不是笨蛋，因為一旦進入企業，就沒人在乎了。智力代表的是分析和學習能力，也就是能夠把複雜的大狀況拆解成容易理解小事件的能力，以及舉一反三，從經驗中學得新技能的習性。

聰明才智和IQ息息相關，可以用筆試測試，但不必要高達一八○，中等以上、愛接觸新事物更重要。其實不用考，單從討論事情就很容易看出來，聰明的人不見得事事都懂，但反應快、有邏輯、會推理。企業需要高智力的原因是，不管眼前工作多熟練，往上爬必會碰上新挑戰，克服新挑戰需要不斷學

習成長。

其次是積極性，也就是在面對困難挑戰時展現出的勇氣，和在設定目標時的抱負。大企業中常見到明明是業績離目標還差很多的人卻得到升遷，原因是他們敢嘗試新做法、挑戰新市場，並為此訂出有野心的目標，即使失敗，還有能力調整重來。這樣的經歷和韌性是企業長遠發展的必須，這樣的能力也因此得到重視。

國際職場中的臺灣員工通常這方面很吃虧，因為我們從小被教導不可犯錯，不要與眾不同也不要出風頭，因此培養出不輕易嘗試和發表意見的習慣，錯失許多成長機會，很可惜。但我也見過不少年輕人，刻意在這方面下工夫，得到很好成效，關鍵是理解這項能力為什麼重要，才能對症下藥。

第三是領導力，按字面容易誤解成發號施令能力，其實它更接近中文語意中的影響力，而且不限影

響屬下，而是上下左右內外全方位影響。**影響他人需要1.溝通，2.協調組織，3.激勵**。領導力強代表以大局為重，以身作則、有同理心、能創造雙贏、樂於合作，和知人善用。

測試領導力可以把幾個人湊在一起，丟給他們一個難題，限時提出解決方案，大夥討論時測試者在後方靜靜觀察，最終方案品質不重要，重要的是與會者在達成目標過程中與他人互動的表現，以及對成果做出的直接和間接貢獻。這項能力的重點在於，組織要的不是英雄，是能夠用各種方法協力完成任務的人。

以上三點可以被簡單描述成：

領悟力（Intelligence）：你有多聰明？

成就力（Achievement）：你有多飢渴？

領導力（Leadership）：你的影響力有多強？

三者看似獨立，其實有一定關聯性，聰明才智高

的人面對困難經常選擇躲避，野心強的人擅於克服困難，卻不擅與人相處等，要找到在三個領域都很厲害的人不容易，每個人都有長處和短處，認識自己才能揚長補短。許多人在升遷競爭中敗下陣來，感覺很委屈，其實經常只是不認識自己。

三項能力中，除了智力基本天生外，其他兩項都和「態度」息息相關，例如人們常說的「草莓族」就是成就力的負面表現，缺乏獨立思考習慣是另一常見毛病，不知為何而戰容易勝驕敗餒，難以發揮潛能。培養成就力需要在平時養成樂於跨出舒適區，嘗試新鮮事物的習性，不要因為過於計較得失而刻意規避風險。

領導首重溝通，溝通不只講話，更是態度，同理心是關鍵。觀察小孩行為最容易理解領導力，一群小孩中通常會有個領頭羊，這不是被選出來也不是被指派的，是由言行影響他人形成的默契，包括描繪遠

景、以身作則、激勵他人、承擔責任，組織協調等，這些言行通常在課本中學不到，家庭教育對一個人的領導力有決定性影響。

　　過去我在對上班族說明以上時，經常得到的反饋是：你說的或許對，但在我工作的地方，升官加薪唯一需要的能力是「拍老闆馬屁」。我不能說他錯，這種現象確實存在，但拋開一些可能被誇大的變數，我相當確定，要在職場中往上爬，以前靠的是這些，在可見的未來，主要靠的還是這些，參考一下。

英文力與失敗力是現今必須

我見過不少高學歷的人出國旅遊面紅耳赤開不了口，也碰過水電師傅英文講得嚇嚇叫，只因為經常需要和社區裡的外勞溝通。

上一篇說學歷和英文是攀爬企業階梯的入門檻，臺灣現況是多數人起碼大學畢業，學歷通常不是問題，問題卻經常出在英文。

前陣子一位直轄市長喊出「英文、英文、英文」口號，要求一級市府官員必須具備相當程度英文能力。乍看之下是個多此一舉的口號，我雖沒做過公務員，也知道高普考要考英文，連基層公務員都要有一定英文程度，何況一級局處長？如果英文不好，如何吸收新知、拓展視野、規劃市政？或出國觀摩，與人交流？

　　再一細想，才發覺我可能把問題看得太簡單了，個人出社會就進入國際企業工作，在英文環境中浸淫二十多年，雖不到流暢無礙地步，但一般聽讀說寫不成問題，平常接觸到的工作夥伴也大都如此，英文早已成為業內經常使用的第二，甚至第一語言，也自然認為其他人都有一定的熟悉度。

　　退休後才發現事實並非如此，離開職場接觸到的一般人，大都覺得英文事不關己，這和學歷高低沒有必然關係，和平日工作生活是否需要使用英文關係才大，我見過不少高學歷的人出國旅遊面紅耳赤開不了口，也碰過水電師傅英文講得嚇嚇叫，只因為經常需要和社區裡的外勞溝通。

　　想想看，為何政府和企業要求員工講英文？因為全球化的今天，對外聯繫溝通要英文、學習新知也要英文，英文對母語非英語的人來說，是學習和溝通的必要工具。什麼叫英文好？能達成溝通學習目的就叫

好，達不成就叫不好；怎樣才會好？用就好，不用就
不好！

　　但許多人卻不把英文當工具，而當成「學科」，
功用是考試，講究的是正確、拼寫、文法，發音稍有
偏差就是錯誤，久而久之就把工具本質忘了，也因怕
犯錯而開不了口。其實臺灣每一位大學畢業生都受過
起碼十年英文訓練，熟悉度一定有，只是一出校門，
不想不用，下場就像許多其他學科一樣，早早還給老
師。

　　事實是，上班族爬企業階梯，越高越需要英文；
在國內碰上瓶頸無可避免要往外跑，英文更是有如吃
飯呼吸般必要。王建民、陳偉殷原本是小池塘中的大
魚，加入大聯盟就成了大池塘中的小魚，逐漸磨練成
大池塘中大魚的同時，薪資成長幾十幾百倍，過程中
自然也避免不了使用英文。

　　臺灣上班族中有成為大魚潛力的人很多，卻被困

在養分不足的小池中長不大。我過去服務的國際企業有來自世界各地員工，他們的工作能力不見得很突出，英文程度更是五花八門，許多人一開口必定被臺灣人譏笑，但因為大池塘有許多磨練機會，加上有效使用英文溝通、學習，逐漸長成一條高薪大魚。

什麼都不學沒關係，一定要學失敗

說到勇敢走出去，想起最近看到一則新聞報導，說今年國際PISA測驗[2]（數學、科學、閱讀）臺灣學生成績進步了，不少讀者留言表示欣慰，但報導同時指出臺灣學生是全世界最害怕失敗的學生，則沒受到多少關注，完全沒有留言或評論。

我以前不知道PISA還測試「失敗力」，回想幾年前在校園以「大學學什麼？」為題和同學分享，結

2　PISA是由經濟合作暨發展組織（Organisation for Economic Co-operation and Development，簡稱OECD）主辦的全球性學生評量。

論是：別的不學沒關係，一定要學「失敗」。學業、社團、交友、打工、戀愛，失敗經驗越多越好！失敗的前提是嘗試，不嘗試才是真正失敗，企業要的人才不是分數高的人，是樂於從嘗試中學習成長的人！

「失敗」正是培養上一篇文中所說積極性和領導力的土壤，工作如此，家庭、生活，莫不如此，害怕失敗在我們所處社會中看似不痛不癢，甚至被鼓勵教導，但國際權威機構不會沒事找一個不痛不癢的東西來做測試，事實是，害怕失敗輸掉的何止PISA排名，是整體人生！

臺灣上班族在國際舞臺上有許多包括聰明、肯幹、誠信，以團隊為上等過人長處，相對較吃虧的則是（不有效使用）英文和嘗試陌生的勇氣，有心進入大池塘的人務必注意！

↓ 讀者來函

拜讀了您的大陸工作經驗談與兩岸這幾年的經濟消長論點後，深有感觸。

這邊有幾項問題想向您討教：

首先是英文。我自己很努力學習英語，每天都會閱讀英語新聞，與看看電視上的外國影集。閱讀上是沒什麼問題，但在聽力上仍有不少困惑，影集上老外說得快一點就很難聽懂了，我想這種程度大概只能在國外消費生活夠用。請問田先生的聽力是因為常與外國主管或客戶接洽而練出來的嗎？

第二是大陸工作。田先生在文中鼓勵畢業生前往大陸工作，認為那邊有著無限的可能，但似乎沒有提醒畢業生，若現在前往大陸的工廠工作，現在似乎已不是最好時機。隨著中國大陸工資年年提升，現在在工廠的臺幹起薪逐年下滑，未來也很難有上漲空間。

而若是像田先生一樣進入外商派駐大陸，現在外商多半聘用大陸本地畢業生，臺生也很難有空間了。

我的看法是畢業生若沒有先在臺灣有著至少三年以上工作經驗，最好別太早前往中國（東南亞則還可以），但此時許多人又開始計畫著結婚生子，能去大陸的恐怕剩下未婚族或打算娶當地女生的人，或許四十歲後再前往大陸比較適合！?

PR

↑ 老黑回覆

1.英文只要用就會，不用就不會，不管是跟主管客戶還是小販鄰居都一樣，重點是想辦法進入環境。

2.你考慮很細，但我認為太細了，不要想什麼好康都要，環境隨時在變，唯一能掌握的是自己，跟著心走，即使吃虧失敗都是值得的，不要自我設限，這適用於事業，也適用於家庭。

記帳與金錢觀

錢沒人嫌多，但需要用時間和精力交換，退休有時效，壽命和健康有限，因此遠遠更實際的目標是：足夠就好！

投資理財方式很多，坊間理財書籍五花八門，各家特色招式不同，但要盡快達到財務獨立，離開職場過想過的生活，就必定要做一件事、養成三個觀念。

一件事是記帳，記帳功用眾人皆知，但它之於財務自由的效用卻常被忽略，一般人不敢做重大改變最大障礙是怕錢不夠，可話說回來，如果不知道需要多少錢如何斷定夠不夠？要知道就必須回答兩個問題**1.離開職場要過什麼樣生活？2.過這樣生活需要多少錢？**要清楚回答就要記帳。

我退休前兩三年開始記帳，把每一筆開銷巨細靡

遺按用途記下來，剛開始有點麻煩，稍加堅持很快養成習慣，關鍵是不拖延和不放棄。

做法是放一本筆記本在家中固定位置，盡量把每一筆花銷在第一時間寫下來，如果做不到，起碼每天睡覺前補上，無論如何不要拖到第二天。用途分類可參考坊間一些制式表格，再依個人狀況做微調，旅行或出差就當成一整筆開銷，無須再細分用途，記帳不是寫文章，重點是花最少時間提供最多信息。

每個月最後一天結帳，把筆記本中記錄一一登入Excel表格，表格涵蓋十二個月資料，除加總外，還可以設定計算月平均公式等。有些花費例如繳稅，換3C產品，金額雖大但久久才發生一次，只看幾個月數字不準，必須長期記錄。

除了了解金錢流向，記帳另一個主要用途是做預算，檢討一年實際花費可以為下一年訂目標，目的是規劃生活。打個比方，增加買書預算就要多買書，買

來就必須花時間看，減少買衣預算無形中減少逛街購物次數和時間，改變時間運用方式自然改變生活形態。

　　記帳不是變魔術，單靠它無法生財，目的也不是讓人像守財奴一樣花很多時間管控金錢。剛好相反，透過更清楚財務狀況，把錢花在該花的地方，記帳幫助減少對金錢的憂慮，得以把更多心思放在更值得關注的人事物上！

　　我的記帳習慣在離開職場大約一年後就停了，原因是簡樸生活習性已然固定，每月花銷，除旅行外，基本八九不離十，我還是每個月底看一下財務狀況，更新理財和資產記錄，但從此不再為日常花費煩惱，多虧了那幾年的記帳。

理財的三大觀念

　　三個觀念包括：

一，**足夠就好**。幾乎每次演講我都會問現場一位還沒退休的人需要多少錢才能退休，無論他說多少，我再轉頭問場內其他人，當達到他說的數字時會不會退？毫無例外，所有人都說：不會！這件事反映出一般人對錢的看法：多多益善！

錢沒人嫌多，但需要用時間和精力交換，退休有時效，壽命和健康有限，因此遠遠更實際的目標是：**足夠就好**！也就是收入能支付日常食衣住行娛樂醫療開銷，要知道目標數字，最有效方法是記帳。

二，**簡樸生活**。多賺和少花是通往財務自由最有效的兩條路，退休後收入有限，如果簡樸過日子，達到財務自由自然可行得多。

但之所以說是「觀念」，因為知易行難，所謂由奢入儉難，多數人從小到大都是由儉入奢，退休後才反其道而行，經常難以接受，需要從心理上清除障礙，克服對物質的依賴和面子問題，找到讓身心都有

所依托的事物。

　　三，破產上天堂。東方人有留遺產給後人的傳統，愛護子孫無可厚非，但無限制的贈與代表離財務獨立之間的距離遙遠。天平另一端則是「破產上天堂」，也就是離開世界那天把最後一塊錢花掉，如能做到，通往財務自由之路自然縮短許多！

　　調查顯示臺灣人退休準備嚴重不足，各種理財方法雖多，但如果缺乏正確觀念和目標設定，越理財只會越焦慮，反之，態度對了，其他就容易多了！

瘦FIRE，肥FIRE

了解「我」在乎什麼，不是別人要我在乎什麼，或在乎別人眼中的我什麼。

FIRE有兩種：瘦FIRE和肥FIRE。瘦FIRE是指極度省吃儉用，甚至過嬉皮般的生活，重點在「少花錢」；肥FIRE則維持正常生活水準，重點在「多賺錢」和「投資理財」。攬鏡照照，我自認本身介於兩者之間，不肥不瘦、肥瘦相間。

首先，我絕對不瘦，如果把欲望分成必要、需要、想要三個層面，日常生活中的食衣住行基本全部滿足，記憶中，似乎沒有一樣物品是我想要卻要不到的。身體狀況大致良好，臺灣健保又完善，至今醫療滿意度很高，退休族特別重視的娛樂就更不用說了，如果滿分一百，旅行、音樂、寫作帶給我一百二十分

的滿足。

其次，和許多其他退休族相比，我顯然也不肥，吃的方面很少上大餐廳；穿衣以耐用為主，昂貴的名牌服飾連老婆都不想不買，哪輪得到我？住家質量可能比一般退休族稍高，但大環境成本低廉；平日靠一臺車齡十二年二手車代步，最常用的則是一臺更老的腳踏車。

生活開銷最大的部分是旅行，平均每年三、四個月，甚至可達半年，照說應屬肥到不行，但我還是有我的藉口。旅行時間雖長，但平均成本相對較低，通常選擇淡季或打折機票、普通民宿等，吃喝入境隨俗，幾乎從不購物。我常說旅行對我來說就是換個地方過日子，當然還是要花錢，但不如許多人想像那麼高。

況且，旅行不像食衣住行，不旅行不會少塊肉，是屬於「想要」項目，我的做法是，投資理財成績好

就跑久點、遠點，成績差就跑短點、近點，但不能完全不跑，因為那侵犯到我的「必要」領域。

自認不肥的主要原因是，我對物質的需求或許不是特別低，但很固定，不隨擁有錢財改變而改變。一般人的習性是由儉入奢，年輕時沒錢就騎腳踏車，隨年齡漸長，收入漸豐，逐漸換成摩托車、國產汽車、進口轎車等。我過去也是這樣，但到一個階段就不再往前，錢再多也一樣，而且不只車，生活其他層面都是這樣。

這不是刻意節制的結果，節制必定帶來不滿，不滿必會反彈，而是搞清楚事物對自己的輕重緩急，也就是價值觀，而且是真正屬於自己的價值觀。了解「我」在乎什麼，不是別人要我在乎什麼，或在乎別人眼中的我什麼，一旦搞清楚，就會把有限資源放在該放的地方，並不因此造成和他人預期落差感到不舒服。

和無窮物欲劃清界線

英文有個詞彙叫Affluenza，意思是：存在於富裕社會一種傳染性極強的社會病，起因於對物質的不斷渴望，導致孤獨、債務、焦慮、過勞、家庭矛盾，和環境污染等現象的一種現代文明病。

事實是，我們所處時代是有史以來物質最富裕時代，我們擁有物品的質與量是前人的無數倍，卻不見得比前人活得更快樂；我們工作時間比前人長得多，目的是換取遠超出生存需要，卻被商業社會包裝成必要的各種形式的物品！

賺多少花多少是一般人的通病，也是許多人認為退休離自己遙遙無期的主因，想要FIRE就必須克服Affluenza，否則賺再多錢，投資再成功都沒用。你不需要當個守財奴或吝嗇鬼，但一定要和對物質的無窮欲望劃清界限。瘦FIRE，還是肥FIRE？先問問自己是否對Affluenza免疫再說！

↓ 讀者來函

我一九五一年次，二〇〇九年非自願性從臺北某家外銷成衣貿易公司退休，現住臺南。退休以後我在圖書館當志工，並期許自己每周至少讀一本書，還在奇美博物館通過兩科考試取得導覽資格，每年安排一次自助旅行。

本來借這本書是給孫子看的，因為他打算兩年後三十五歲退休，但我想他應是改變主意了，因為他讀不下去，倒是我這阿婆竟然想寫信給你。任誰都無法相信，你這本四十五歲退休內容讓我這麼認同，因為我們有幾個共通點。我現在擁有健康雖然因乳癌而少一塊肉，擁有快樂可以挑自己喜歡的事去作，金錢其實不及格但我很節流，較困擾的是自助行難找伴，朋友一聽半個月都驚呼連連，好羨慕你有老婆可以分享。

AH

↑ 老黑回覆

　　雖然我這方面的經驗不多，但從許多人身上看到獨自旅行不但可行，而且有許多獨特的好處，建議您不妨嘗試看看。

想置產，地點怎麼選才聰明？

臺灣年輕人之所以感覺厭世，委屈，主要原因之一是還在玩上一代人玩的遊戲，這種遊戲的規則是贏家必須擁有天龍國房產！

除了薪水凍漲、職場前景不佳外，現代臺灣FIRE族面臨的另一大挑戰是：高房價！許多勵志書籍以「厭世××」、「××委屈」為題，反映的正是無論教育程度多高、工作能力多強，年輕人面對高不可攀的房價，很難不產生生不逢時的負面情緒，這種情緒也是造成現今社會世代衝突的主因。

但關於這點，個人有些不同看法：

其實說臺灣房價高是一種以偏概全的說法，正確說法是臺北（包含新北）房價高，這點早已獲得國際認證，在全球主要城市「房價所得」比（不吃不喝X

年可買房）排名中，臺北歷來名列前茅，有一年甚至在三百多個城市中排名僅次香港，高居世界第二（新北第三）。

但事實是，出了臺北房價雖然仍不低，卻明顯合理許多，那為什麼大家，尤其沒房的年輕人，還要抱怨？原因很簡單，因為所有臺灣人，不管家鄉在哪，都以擁有一戶天龍國房產為奮鬥目標，就算不為自己，也為子女，這已是不成文的社會共識，做到，就算一腳跨入人生勝利組，做不到呢？當然就是勝利對面那組。

我以前的想法也一樣，身為一個土生土長的臺北人，出社會收入一直在平均之上，對我來說，在老家置產應是天經地義之事，事實卻大大不然。

我老家在大安區，上班地點在信義區世貿大樓，最熟悉的兩區房價都很高，記得有回路過辦公室附近一棟正在興建的住宅大樓，身旁同事說這裡一坪要價

五十萬，我吐吐舌頭心想，那得要不吃不喝好幾年才買得起一間廁所，這輩子大概和這裡的房子無緣。

那件事我至今記憶猶新，當年我不到三十歲，如果說不在臺北買房是所謂的魯蛇，那我就是一個不折不扣的「資深魯蛇」。（這麼說不是要安慰年輕人，純粹只是陳述一個事實。）

我後來還是在臺北買房了，卻是一個完全失敗的經驗。之前提過，我為結婚跑去臺北近郊最便宜的汐止買了間預售屋，還沒蓋好就因故賠錢斷尾。如今回想或許也不算是件壞事，因為賺錢賠錢是一回事，提心吊膽住在可能鬆動的山坡邊，大概很難專注打拚事業。

再次動起在臺北買房念頭是四十歲從國外返臺，跟著仲介看了兩次房後，舌頭吐得比以前更長，之前那棟一坪五十萬的大樓，如今超過一百萬（現在大概兩百萬）。我當時財力比年輕時強得多，買便宜地段

還可以，卻又覺得不值，尤其見識過不同國家的居住品質和房價後更是如此。記得當時丈母娘問我：連外商總經理都買不起臺北，誰買得起？我兩手一攤說：好問題！

說到外國，剛到澳洲時，公司指派房仲帶我看房，他開車路過某棟看起來很高級的大樓，我問他預算是否可以租這裡？他瞪著我說：你在開玩笑吧？原來那是政府蓋給低收入戶住的平價公寓，我最終住進一棟有前後花園的雙層別墅，別墅價值換算臺幣還比不上我之前和父母合住的國宅，當時受到的文化衝擊可想而知。

我知道這樣比較並不合理，澳洲地廣人稀，土地自然便宜，決定價格的因素終究還得回歸到供給和需求。那就讓我們來看看供需吧！

紐約、倫敦這類國際大城的房價高，是因為有許多高薪工作在此，工作者來自世界各地，換句話說，

房價是被全世界需求推高的，本地人經常買不起家鄉房子，上海流行一句話：「外國人住內環、外地人住中環、上海人住外環」，也是同樣道理。而那些有居住需求的工作者，一旦需求消失，例如退休，自然會搬離又貴，生活品質又不好的都會區。

臺北房價同樣是供需平衡的結果，但有兩個特色，**一是收入**；臺北收入全臺最高，但比國際大城差距不小，臺灣人不管求學或求職，「人往高處爬」的動力很強，但多數一路爬到臺北就像碰到天花板一樣不再往前。**其二是居住品質**，許多在國外避之唯恐不及的居住因素，如吵雜、塞車、物價、空氣、商業等，臺灣人不但能容忍接受，甚至能真心擁抱。

認識這兩大特色就不難理解臺北高房價的成因：是被那二千三百萬既出不去又離不開、不一定有需求，卻一心想擁有的人，關起門炒出來的，特別吧！

說了一堆，講回重點，FIRE族要選擇居住地點，或買賣房產，我的建議如下：

- FIRE前，選擇住在收入最高的地方。
- FIRE後，選擇住在CP值（生活成本／品質）最高的地方。
- 不管FIRE前或後，不要靠買賣房產投資理財，因為風險太大。
- 不管工作在哪，儘早買自住房，退休的前提之一是有自住房。
- 不要自我設限，移動自己，人生可能無限。

我個人的經歷是，在臺北和海外工作賺錢，退休後選擇居住在臺北以外的地方。不代表我不喜歡臺北，那裡是故鄉，有家人親友、成長回憶，還有其他縣市比不上的藝文、娛樂、醫療資源，因此我幾乎每月到訪，也不排除哪天租屋Long Stay的可能，但即使

如此，年輕時的想法到現在只是愈加堅定：這輩子不會在臺北買房！

臺灣年輕人之所以感覺厭世、委屈，主要原因之一是還在玩上一代人玩的遊戲，這種遊戲的規則是贏家必須擁有天龍國房產！跳出這個思維，把規則改掉，重新審視人生清單，不管是想成為下個郭台銘或蔡依林都可以，但請把在臺北置產這條劃掉，現在，再看看，清單是否變得清爽許多？

地理套利之高雄發大財

跨過溫飽線後人人都有選擇權，關鍵是得到之前，
你願意放下什麼？

有天與人聊天，聊到一位我們共同認識、已經退
休的朋友，他平日生活平淡簡單，某天突然被檢查出
大病，開刀治療後狀況穩定，經此一事他大徹大悟，
跑去買了一部價值四百萬的進口轎車，問題是他不常
出門，更多時間只是不停清洗保養停在家裡的愛車。

我還認識好幾個人辛苦工作半輩子，終於拿到退
休金，犒賞自己的方法都是買名車，但因為退休後不
趕時間，平日出門越來越常乘坐較輕鬆方便的捷運。
我自己當年從北京搬到高雄，買了一臺國產二手車，
偶爾開，里程數很低，維修和保險也都是最基本的。

常有人好奇我提早退休後，竟然還可以經常旅

行，錢從哪來？這問題顯然不是三言兩語說得清楚，所以除非特殊場合，我通常只簡短回答：因為我住高雄啊！或者，因為我騎腳踏車啊！

雖然簡短，卻不是糊弄，想想看，把買車的四百萬省下來，每年花四十萬旅行，十年可以累積多少「旅歷」？這還不算養車用車費用，更別講從擁擠昂貴的北京回臺，我沒住在更擁擠昂貴的老家臺北，而是選擇悠閒得多的港都高雄（我喜歡海），不但生活品質提升，從房價物價省下來的錢夠我環遊世界好幾圈！

當然，人各有志，不是人人都愛旅行，喜歡名車也沒什麼不對，重點是對自己誠實，是真的愛車（或名牌包等），還是在意外界眼光？這社會上確實有不少為生活掙扎，選擇不多的人，但也有更多明明可選擇卻自認沒條件的人，事實是，跨過溫飽線後人人都有選擇權，關鍵是得到之前，你願意放下什麼？

　　與其頂著頭銜領高薪，我選擇沒有名片，卻有許多時間做喜歡的事；與其買精美物品，我選擇把錢花在看不見，摸不著的經歷累積；與其存錢準備老年照養，我選擇買完醫療險後努力運動健身；與其留遺產給後人，我選擇破產上天堂，也由於我知道這些都是自己選擇，所以不會為失去的感到遺憾，或羨慕別人。

　　之前流行過一句話：「高雄發大財」，從選擇移居南部，以腳踏車為交通工具那天起，我早就在高雄發（我的人生）大財了！

　　以上是我曾寫過的一篇文章，引起網友相當大迴響，其中高雄是引用我的例子，只要能達到省錢、健康、好生活等目標，當然也可以是任何其他地方。

　　寫這篇文章時我沒聽過FIRE，後來看相關書籍從中學到「異地套利」一詞，聽起來很玄，其實講白

了就是移地而居，充分利用他地較低廉的生活成本，再講白一點就是：我做的事！說我是資深FIRE族還真不是老王賣瓜。

但其實這件事並不是我之所以能FIRE的原因，因為搬到高雄是退休五年後的事，並不在原先計畫之中，自然也不是退休財務規劃的一部分。但人生就是這樣，許多事是不能規劃的，重點是隨時調整好心態，機會來時才能被有準備的人逮住。

建議有FIRE夢想的朋友把這件事當成財務和生活規劃的一部分，或起碼放在心中，因為它可以藉由1.多賺錢（換房），2.少花錢（生活成本）大幅縮短努力過程、提高生活品質。無論如何，世界這麼大，誰說幸福生活只能在特定一地獲得？

↓ 讀者來函

　　我有幸在三月中旬回臺北時，剛好看到東森財經節目及在書店買到《45歲退休，你準備好了？》這本書，心裡感觸很深，總算找到跟我同輩的人，有相同的想法及做法，非常謝謝你願意把這些與大家分享，佩服！我這有一些疑問想請教前輩，希望能得到你的意見供參考。感恩！

　　我一九六二年出生，有兩個兒子，一在荷蘭工作，一在英國讀大學。過去一直在電腦業從事外銷業務工作。一九九八年外派荷蘭，同時先生也加入公司一同前往。但因為彼此個性及理念不合分開，我於二〇〇三辭職，舉家遷往上海，購買的房產也增值，算是讓我的退休之路意外的順利。

　　我已退出職場九年，已適應簡樸、獨處的生活，也熱愛旅行，然而我很想儘快回臺定居，所以打算把

上海房子賣了。我的問題是，想在臺灣找一個適合單身女性居住的地點，跟我目前在上海的家類似：安全防盜，有庭院可種花草、附近有進修機構如社區成人大學，有傳統市場及超市，到桃園機場、臺北交通方便，氣候乾燥、暖和，環境清潔不吵雜，無工廠排放黑煙、化學污染。我可以開車。

我很想離開臺北市的電梯大廈，但除此之外，我對其他城市一無所知，即使上網查詢也沒有概念。本來很想到臺南找新落成透天厝或別墅，但是看到前陣子淹水新聞，整個人又茫然了。到底哪裡有適合我的大窩啊？你們在南部住過好一陣子了，可以給我一些方向嗎？至少我可以縮小搜尋範圍。大家都跟我提高雄美術館週邊，要住那裡，我不如就住臺北中山區或天母還省事。我真的很愛田園生活！

我可以租或買（價位約在1000至1500萬內），只要有兩房也就足夠了。我的目標還是希望將來多多在

外旅行及偶爾到國外小住。再次感謝您書中與大家分享的寶貴資訊，退休後能在寶島有個溫暖的窩是很幸福的一件事，我盼望能儘快圓夢。

KY

↑ 老黑回覆

　　你的需求在臺灣一定可以得到滿足，大家都說美術館附近是因為那裡是多數人認定的「豪宅區」，卻不見得是你要的環境。建議你找家房仲，清楚告訴他你的想法，並請他安排看房行程，我在搬到高雄前就是這麼做的。你的預算在台北之外的地點綽綽有餘，試試看，不成功就當作認識台灣，成功搞不好我們就是鄰居了！

有無子女都能成為FIRE族

不要拿子女當成不自我實現的擋箭牌，因為那樣不
但阻礙自己，也阻礙下一代對樂活人生的追求。

以前很少談退休與養育子女之間的關係，原因很
簡單：我沒有小孩！但沒小孩不代表對這事沒意見，
只是少數幾次寫文章談及，立馬被有小孩的人打槍，
大意是沒小孩永遠不知養小孩的辛苦，最好閉嘴云
云，我因此感受到這個話題的敏感性，後來更發現，
敏感不只存在於有和無小孩之間，也存在於有和有小
孩之間。

總之，講到如何教養小孩就是敏感，就像在競
選期間講到政治一樣，除非很清楚對方和自己「同
國」，否則不管有沒有小孩，最好……閉嘴！但既然
要寫這本書，這就是個繞不過去的話題，冒著千瘡百

孔的風險，還是要在這裡發表一些個人看法。

　　首先，要不要生小孩，生幾個小孩？相信對部分正在看本書的人來說不是問題，因為木已成舟、生米已是熟飯，無須再追究討論。我被不少同齡人問過為何不生小孩，一開始還認真回答，後來發現經常只是人們在為自己的現況找理由。如果已過生育年齡，不管有沒有小孩，我唯一建議是請面對、接受、管理、放下。

　　但如果是否生育仍還是個選項，我建議年輕的你真正想清楚為何選擇。時代不同了，不像過去，不生小孩可能被異樣眼光看待，但也不要因為時代不同就非得做個頂客族才突顯夠酷夠潮，生兒育女事關自身人生重大，強調「自身」，就是建議你不要管社會、長輩、同儕看法，做最適合你倆選擇，並為此負起所有責任。

　　其次，子女教養對FIRE有沒有影響？當然有，

最明顯的就是在財務準備上。養小孩自然要花錢，但花多少錢因人而異，有一種說法是把一個小孩從出生拉拔到研究所畢業平均要花臺幣五百萬，最少也得二百萬，多則無上限，如果這件事是退休的前提，自然會加大FIRE難度，延後達標時間。

但話講回來，誰規定一定要子女成人才能退休？拉拔小孩成長不只要花錢，也要花時間。花誰的時間因人而異，國外不少FIRE族提早退休的出發點就是希望有更多時間陪伴小孩成長，甚至有些人是FIRE後才生小孩，養育小孩的費用則成為日常支出的一部分。

另一項東西方在子女教養上的區別在於，多數西方家長在子女成年後不再有金錢瓜葛，而且對成年定義經常是比我們早得多的十八歲高中畢業。東方家庭則不但養子女到完成所有學業，甚至為他們買房成家，最後還要留一大筆遺產，這已經不叫負擔，叫無

底洞，我勸打算這麼做的人就別再肖想FIRE了。

　　不是說誰的做法比較好，價值觀這種事沒有是非好壞，而是說人不能什麼都想要，有得必定有失，如何取捨看個人。東西方在子女教育、金錢、時間運用上的區別，可以做借鏡，而不是一味認為有小孩注定不能FIRE，就像每次有媒體報導我，總有一堆人用「沒小孩啦」一句話帶過一樣。

　　至於「養兒防老」，既不是我年輕時是否生小孩的考量因素，當然更不會是老後財務規劃的一環，我也建議有小孩的朋友不要在這方面抱有期望。反倒是「啃老」、遺產等課題需要趁早考慮清楚，能和成年子女劃清金錢界限最好，不能也要做事先規劃，千萬別落入上述的無底洞，因而大幅影響退休生活品質。

　　老年醫療照養怎麼辦？既然我沒有小孩，那就把身體盡量照顧好，遇上病痛交給專業，但同時把心靈留給自己，不管多老多病都要過有尊嚴、有生氣，能

創造的日子，然後坦然接受老天一切可能的安排。退一步想，其實不管有沒有小孩，不都是這樣嗎？

總之，有子女必定會對FIRE造成影響，但不見得一定是負面影響，關鍵是理解我的人生就是我的人生，不會因為有子女而成了另一個人的人生，也不要拿子女當成不自我實現的擋箭牌，因為那樣不但阻礙自己，也阻礙下一代對樂活人生的追求！

以上，是我這個沒小孩的人的一些淺見，有小孩的人請多包涵！

想提早FIRE，得先培養紀律

同樣是買保險，我繳的保費是你的好幾倍；同樣是運動，你能練出六塊肌我只能有一大塊。

我的學經歷沒有太多過人之處，不好的性格習性倒是一堆，許多人認為我能FIRE的主因是高薪、沒小孩、賣房賺錢，那些是事實，卻沒抓到重點。如果你認真問我，我會認真回答你重點是：懶！懶到極度不想為五斗米折腰，懶到激發出強大的「紀律性」……這才是我的過人之處！

我的紀律性展現在幾個地方：

一、記帳。有經驗的人都知道，記帳是件頗枯燥乏味的事，很容易虎頭蛇尾，我鉅細靡遺的在FIRE前後記了三年多，即使工作極忙碌也不曾漏過一天。它帶給我明確的財務目標，不做這件事必使得「開創

人生新階段」流於空談。現在我已停止記帳，但拜當年之賜，型塑出的生活方式早已固定。

　　二、**運動**。我年輕時愛玩各種球類，健康狀況一向還算不錯，進入社會每況愈下，事業越好身體越差，長期處於亞健康令人工作不爽，玩樂更不爽，也因而成了我想FIRE的出發點之一。

　　年過四十開始認真執行，起初挫折不斷，主因還是工作忙碌，後來漸漸發現說「沒時間運動」等於說「運動不重要」，因為每個人的一天都是二十四小時，用在更重要的事物上當然沒時間運動，把重要性調整一下就有時間了，過去嘴上說運動重要，身體卻做其他事，只是自欺欺人而已。

　　運動很累，有氧運動很枯燥，要長期堅持就需要紀律。我年輕時最不愛跑步和騎車，現在幾乎天天運動，做最多的就是跑步和騎車，不是轉性，我還是不喜歡，但喜歡做完後的感覺。FIRE的目的是做自己

想做的事，無論什麼事都要健康做後盾，追求FIRE如果只考慮錢，即使成功也失去意義。

三、理財。理財的紀律性是老生常談，但還是有許多人做不到，不奇怪，因為它基本違反人性。人性是追漲殺跌，有一個很有名的實驗[3]證明：賠錢帶給人的厭惡感是賺錢快感的兩倍。要克服人性必須靠紀律，不求貪、不求短，就像某位股市名人所說：理財是一件很枯燥乏味的事情，許多人受不了！

我四十歲之後的理財沒有任何祕訣，長期穩健加分散風險，離開職場不到兩年碰上雷曼兄弟金融危機，是一大考驗，和年輕時一翻兩瞪眼不同，這次我靠紀律度過難關。FIRE理論立基於長期複利，無論五％或七％平均回報都必須是紀律性投資的產物，想在短時間內靠橫財退休，那不叫FIRE，叫賭博。

通常說紀律指的是需要勉強去做的事，我的生

3　康納曼Kahneman和特莫斯基Tversky提出的展望理論Prospect Theory。

活中另有幾件事過去十幾年從未中斷,包括閱讀、旅行、彈吉他、寫作,但因為都是愛做的事,所以不把它們放在「紀律」之列,但事實是,人都有惰性,即使喜愛,如果不偶爾按下紀律按鈕,連續幾個月不看、不寫、不彈,因而不爽,還是很有可能發生的事。

紀律對任何人都有幫助,對年輕人幫助尤其大,因為紀律必須以長時間為背景,累積時間越長,紅利效果越顯著,碰巧年輕人時間特別多,因此可塑性也特別高,只要立定志向,能夠完成的事情,達到的成就,必定高於較年長的人,當然前提還是:**紀律!**

如果你還年輕,我恭喜你、羨慕你、嫉妒你,因為同樣是理財,你能獲得的複利效果遠大於我;同樣是買保險,我繳的保費是你的好幾倍;同樣是運動,你能練出六塊肌我只能有一大塊;同樣是玩興趣,我頂多當個街頭藝人,你卻能發展成事業第二春,如果

擁有如此優勢卻不善加利用，也只能說：浪費！

　　有句話說「自由建立在紀律之上」， FIRE 的目的正是自由自在過日子，那就必須先有紀律性，如果還能再加上可塑性，人生極限就只剩下天空了！

↓ 讀者來函

前些日子買了《45歲退休，你準備好了？》拜讀後心有同感。個人已五十歲屬中高階主管，因職場上的一些原因將於下月離職，心情混亂，外面洽有一些機會，但並非興趣所在，且自己已厭倦朝九晚五生活，家人建議先休息一下，再尋求其他興趣，家中經濟目前無問題。但失去了名片上的官階，怕會有失落感，且不知如何安排生活步調。想聽聽您的想法。

GZ

↑ 老黑回覆

不要急著找下一個工作，也不要休息太久，出國走走，上網看看有什麼和興趣相關課程，刻意離開現有生活圈一段時間，看書，獨處……再決定下一步！

不領薪水，不用名片的日子需要一段時間適應，

五十歲當然還可以賺錢，但也可以做許多其他錯過機會就無法做的事。無論如何抉擇，即將到來的改變是一個轉機，好好利用它認識自己，如果就此進入人生下半場，很好，但即使重回職場，相信你的心態也會和過去大不相同。

如果人生可以重來會做的事

進入人生下半場，決定生活品質的通常不是金錢地
位，而是運動習慣。

六十歲的我，和所有人一樣，人生至此有順利有
挫折，回頭一看，說有遺憾太沉重，但如果可以重
來，我想我會做以下幾件不一樣的事：

1.堅持念有興趣的科系；和英文長期交朋友

學校所學基本決定日後職業，如果不是志趣所
在，大把時光在沉悶無聊中度過，混得差的掙扎溫
飽，混得好的多點名利，仍難實現自我。做喜歡的事
不能保證成功，但能保證較好的學習成長和較大的容
忍挫折，還能在離開職場後過較有樂趣的退休生活。

我曾在念完一年興趣不高的大學課程後，跑去重

新參加聯考，只填了當年為數極少和戲劇相關的科系，結果因自信不足，缺少準備而落榜，無法像李安那樣，在長輩強大壓力下仍堅持走自己的路，只好經由當個賣油郎走向FIRE，也算是另類的堅持吧！

現代人離開校園後通常最常用到的學科就是英文，雖然不懂英文一樣可以過日子，但善加利用可以大幅提升工作和生活品質。學英文不一定要考高分，但要和它做朋友，語言不是在學校學的，是生活中長期接觸使用的結果。

2.善加利用Gap Year；到國外度假打工

第一次聽到Gap Year的感覺是可惜自己已不年輕，因為這個想法太棒了！從人生一個階段進入下一個階段前，給自己一個脫離慣性生活的機會，經由接觸陌生檢視人生方向，我認為它最大好處不是學習新知，而是學習真正為自己的人生負責。

現代年輕人有比以前更多出國機會，有人說海外短期打工對長期事業沒幫助，我則舉雙手雙腳贊成，因為不管目的是賺第一桶金或旅遊開眼界，甚至逃離家庭束縛，只要有勇氣跨出舒適圈，都能從適應陌生、克服困難中，學到一生受用的生活技能。

3.遠離香煙，一周至少運動三次

年輕很難真正了解健康的重要，有壞習慣也不會立即得到懲罰，但不是不報、是時辰未到，累積的影響中年後會一一顯現。我從十七歲開始抽了近三十年香煙，差點完全毀掉下半場人生，幸好後來辛苦戒掉，是人生至此自認最值得驕傲的英勇舉動。

健康管理不出飲食和運動，而既然醇酒美食是美好人生要素之一，我不後悔沒有努力節制。運動不一樣，尤其進入人生下半場，決定生活品質的通常不是金錢地位，而是運動習慣，但別等中年才開始培養，

健康和錢一樣，越早開始存越有效。

4.不要因為「時間到了」而結婚生子

關於這點，即使人生真的重來，我還是會做相同選擇，在此提出來是給年輕人一個提醒。

多數人會結婚生子，但真正思考過為何要做這件事的人不多，事實是，家庭之於人生是把雙刃劍，和諧家庭是人生樂趣和意義的來源，問題家庭則可能製造各種悲慘不幸，家庭生活好與壞，無關運氣，取決於當事人是否成熟思考。

如果有疑惑，盡量不要在外界壓力下成家或生小孩，人生是自己的，任何人不能代替，如果有問題，即使至親也很難一起承擔後果。我不是鼓勵單身，家庭對人生有極大正面意義，只是成本很高，決定前務必想清楚，否則寧晚勿早，寧缺勿濫。

5.學習投資理財；建立正確金錢觀

財務自由才能享受人生，對多數人來說，除了努力工作，還需要投資理財。我年輕時投資以全軍覆沒收場，回想起來不是運氣不好，而是不懂理財，認為事不關己的下場，現代人不管學校所學為何，理財都必須是主動自發的修習科目。

錢之於生活的重要性不言可喻，但說到底它只是工具，不是目標，重點是「夠」，不是「多」。年輕時努力賺錢，用力省錢，有其必要性，但一旦步入中年跨越溫飽，就要逐漸把注意力轉到「聰明花錢」，做錢的主人而不是奴隸。

6.儘早養成閱讀和旅行的習慣

閱讀的最大功用是培養「獨立自主的精神世界」，有了這樣的內心世界，無論處在人生任何階段都清楚為何而戰，而不是在隨波逐流中消磨生命。看

什麼主題的書都可以，只要能啟發思想就好，閱讀的好處在中年後影響生活品質越發明顯。

旅行和閱讀的功能相近，只是更好玩一點，許多退休人士喜歡遊山玩水，而如果注意觀察，會發現經常趴趴走的銀髮族大都年輕時就常旅行，這點和閱讀也很像，兩者都是習慣，養成後終生相隨，如果年輕時不練習，老來很難開始。

以上是與還在人生上半場的年輕朋友分享，明知該做的事，不要拖，快樂生活不是天上掉下來的，是好習慣長期累積而來的，共勉之！

賺錢的目的不是拿來買藥吃

活蹦亂跳活到一百歲，生日那天一覺不醒撒手人寰，人生還有比這更美好幸福的事嗎？

有次長達一個禮拜都旅居在老家臺北，會見親友、參加講座、拍推廣短片，回醫院複診……。

講座和短片的主題都是退休，臺灣進入退休高峰期，每年有超過十萬人退休，而且逐年增加，但同時間，年金改革、勞保赤字、薪水凍漲、少子化等都不利於退休規劃，各家金融機構因此紛紛推出相關理財產品，鼓勵退休者自力救濟，推廣講座場場爆滿，反映大家對這個話題的關切度很高。

有意思的是，講座第二天我到醫院複診，和醫師聊起前一天的理財講座，和我年齡相仿的他覺得退休理財準備很有必要，但退休健康準備同樣重要。他本

人是臺灣青光眼協會會長，負有社會推廣責任，我問他是否辦活動，他說經常辦，但來的絕大多數是病患和家屬，沒得病的人很少關心，推廣效果因此相當有限，很無奈！

我當時愣了一下，事後想想現實好像確實如此，不只眼科，各科都一樣，一般人生病四處投醫，沒病時卻不注意保養。事實是健康和存錢一樣，有錢人不是一夜致富，而是靠平日積少成多，身體更不是一天變好，或一夜變壞的，而是靠平日生活一點一滴累積。

尤其年輕人，身體機能處在高峰，即使偶爾出狀況也很容易扛過去，卻不理解「不是不報、時辰未到」的道理；平時如何對待身體，日後它就如何回報對待你，像銀行存款一樣，一分一毛清清楚楚，或許一時可以蒙混過關，時間拉長，這筆帳連本帶利還是要還。

存錢不如健康：飲食、運動、生活作息

其實說臺灣人不重視健康顯然不對，看看各大醫院總是人滿為患，人均用藥全世界名列前茅就是明證，更準確的說法應是不重視預防醫療，不見棺材不落淚。拿我的青光眼為例，得知被確診這種可能失明的疾病時，多數人感覺晴天霹靂，拚命求醫拜佛，但平時跟大家說少看3C，重視用眼衛生時，幾個人聽得進去？

相信對多數FIRE族來說，最終目的是自由自在做想做的事，過想過的生活，那麼，相信我，你不只需要存錢，還需要存健康，因為無論吃喝玩樂，還是從事職志，都需要身體健康做後盾。工作時生病請假就好，反正浪費的是老闆時間，退休後可沒假可請，浪費的全是自己的寶貴生命。

對退休族來說，不管是否FIRE，只要人生上半場努力工作賺錢、妥善理財，到了下半場，即使坐

在家裡什麼都不做，錢都會自己跑出來，因為錢會生錢。但健康剛好相反，人過中年，即使坐在家裡什麼都不做，健康都會一點一滴流失，必須付出更大努力才能維持現狀。

如何存健康？老生常談，飲食、運動、生活作息，道理人人都懂，區別在做跟不做，不重視就會有一百個藉口不做，重視就會找一百個理由去做。

還有，不要忘記買醫療保險，越早買越好，目的不是省錢或存錢，而是……保險！最好繳幾十年的保費全部槓龜，一塊錢理賠都用不到，然後活蹦亂跳活到一百歲，生日那天一覺不醒撒手人寰，人生還有比這更美好幸福的事嗎？

每次演講我都會問大家：退休要成天逛醫院還是遊山玩水？金錢、健康、職志是退休生活三要素，缺一不可，而且三者相互影響，任何一項不好都會拖累另外兩項，乃至整體生活。臺灣退休族非常清楚錢的

重要性，很好！但如果對健康沒有同樣重視，那說難聽點，人生上半場辛苦賺來的錢，到了下半場只能用來買藥吃！

↓ 讀者來函

　　拜讀各篇大作，內心感觸萬千，尤其是許多有關自省、閱讀、旅行、職志的內容，一一直擊我心，造成的悸動，久久不能自己。

　　我十六歲進入海軍幼校，一九八〇年官校畢業，二十三年後上校提前退役，憑專長加入一上市公司，幹了七年半，做了副總，又是申請先脫離團隊，因為實在是與內心渴望不符。

　　二〇一一年在越南搞個小貿易公司，並不是專注在收入，只想的是一個自我實現，但迄今沒有像樣成果，唯一的成績是找回二十年前的身材。這些時間，耐不住內心的衝勁，又重新投身入職場，卻因為種種原因黯然在這個月離職，回到原本的越南老巢。

　　雖然生活輕鬆，但內心實在很茫然，真不知要幹些什麼，才能使內心踏實。說也奇怪，其實本也生活

無慮，子女也無須再操心，但為何就是不斷還有就業的念頭，硬是無法靜下來，面對其他的生活方式，是缺乏安全感嗎？我還在探詢原因。

WS

↑ 老黑回覆

別說沒有成果，單是找回二十年前的身材就是一件了不得的大成就！

建議你不要想錢，不要想名，不要想別人怎麼看自己。想三件事：會做的、喜歡做的、有意義的，然後一頭栽進去，看看會發生什麼事！

尋找職志不容易，過程經常迂迴離奇，令人挫敗沮喪，到頭來卻發現其實沒那麼複雜，路就在那，是自己被世俗遮蔽的眼睛看不清楚而已。

投資理財首要須承擔風險

活著的目的不是累積財富或見證反彈，而是把每一
天活好活滿。

投資理財之於財務自由的重要性不言而喻，但要
小心不要對它過於依賴，靠本職工作創造財富更重
要。看看四周財務自由的人，會發現沒有人是不努力
工作，只靠投資理財達成的，倒是有不少人短暫從投
資中賺到錢，卻很快因為各種不同原因失去。關於投
資理財的迷思有幾點：

**一般信念是錢能滾錢，卻忽略了前提是「成
長」**；沒有經濟、人口的成長，就沒有股票，債券的
獲利。碰巧過去幾十年是人類歷史成長最快時期，如
果沒趕上投資列車自然有「踏空」的遺憾，但你該聽
過「過去績效不代表未來」這句老話兼實話，而即使

成長是必然，也不見得必然發生在我們的有生之年。

　　遠比靠別人更穩當的是**靠自己**，暢銷財經作家勒巴夫（Michael LeBoeuf）建議大家「**主動投資自己，被動投資金錢**」道理在此。不要羨慕理財成功的人，他們大都不是運氣好或技術佳，而是本身生財能力強，承受得起波動風險，獲利的機會自然比較高，即使失敗，還可以憑自己的力量東山再起。

　　上班族特別要小心市場大漲或大跌的時候，因為工作心情容易受影響。我的職業生涯有過兩次難忘經驗，第一次是一九九〇年臺股首度上萬點的時候，全民瘋炒股票，「菜籃族」就是當時發明的名詞，記得那時生活四周有許多上班族無心工作，有些人還因為薪水比不上投資收入，乾脆辭職專心理財。

　　第二次是二〇〇〇年網路泡沫引發的金融危機，股市大跌，許多人的積蓄在短時間內被腰斬，因而難以專心工作，有些甚至就此離職，那次情況雖和上述

完全相反，引發的效應卻完全一致。至於二〇〇八年雷曼兄弟那波，因為我已經退出江湖所以感受不深，但相信造成的震撼必定不小。

我在上述第一波沒買股票，因為積蓄拿去投資鴻源（不要問我結局），第二波災情更慘，但兩次都活過來，如今回看，主要是因為雖然一時輸了投資，卻沒有輸掉更可靠的長期飯票：**自己**！不管在那些波動中賺錢或賠錢（多數賠錢），最大輸家必定是因為心浮氣躁，因而賠上本職工作的人。

類似時機還會不會出現？保證會！發生時通常有幾個徵兆，除了明顯的市場大漲或大跌之外，各種理財信息大熱，理財書籍大賣，四周同事親友大談理財，個人金錢焦慮感大增等，這時請務必小心，雖說危機就是轉機，腦袋發燒機會也可能變成災難，到時原先信賴的專家達人早已不知去向。

除了將投資金錢和投資自己本末倒置之外，關於

投資理財更大的一個迷思是：**不清楚理財的目的究竟是什麼？**相信多數人會說財務自由，可以，那再請問財務自由以後要做什麼？如果回答是：「還沒想好，先賺錢再說，有錢還怕沒目的嗎？」抱歉，這樣的回答不及格。

金錢是生活要素之一，其他要素還包括家庭、健康、心靈、職志等，任何財務規劃都必須和這些一起考量，否則就會因為目標不明確而難以成功，即使短暫獲利也很容易失去。中樂透的人通常沒有好下場，正因為財富來得太快，不知如何運用金錢的結果，未蒙其利反受其害。

曾有美國商學院針對一千多名學生做調查，其中超過八成打算先賺錢再去想人生目標，只有不到兩成有很清楚的未來生活藍圖。二十年後再追蹤，發現一千多人中有一百多人成為富翁，其中只有一個屬於前者，其他全是早有計畫的人。這個調查說明，理財不

只看技術，整體「財商」不高的人理財技術再好也沒用，不如不理財。

　　要FIRE就要理財，但錢不是天上掉下來的，要靠自己創造。生活在這個「大躍進」時代，分享成長紅利是我們的運氣也是權利，但環境說變就變，即使歷史證明所有下跌終會反彈，但人生有限，活著的目的不是累積財富或見證反彈，而是把每一天活好活滿，為此，投資理財有必要也有缺陷，是一帖需要小心服用的良藥。

人生最大的風險就是沒有風險

少了探索的人生就像少了水分的植物，必將逐漸凋
零枯萎，生活不偶爾冒點風險，人必將逐漸言語乏
味，面目可憎。

臺灣社會是個從眾性很高的社會，一般人出於各
種原因不愛嘗試新奇，像我以前就不愛，以現在最常
從事的旅行為例：

我從小生長在城市，不常也不愛接近大自然，學
校組織郊遊不出市內公園、遊樂場，年紀稍長偶爾參
加登山健行之類活動，大都應付了事，對於花草樹
木、鄉村野趣基本上一竅不通。

進入社會，工作常出差，範圍從臺灣各地逐漸擴
大到亞洲各國，後來被外調澳洲和中國大陸，出差地
點也擴大到歐美，隨著第二度外派北京，在中國大陸

前後生活將近十年，足跡遍布大江南北。

　　總結人生上半場，到過的地方不可謂不多，卻談不上喜歡旅行，主要是心態不對，出差很難放鬆心情，即使度假也只當工作充電。記得當時常被問到「你剛從×地回來，那裡好不好玩？」我的回答總是「不知道，因為只記得旅館和機場。」

　　離開職場，酷愛旅行的老婆拖著我跑了幾個地方，有別於過去行程有人打點、坐商務艙，住高級旅館，這幾趟被我稱為「半背包客」式的旅行，住民宿、搭廉價航空，行程視狀況常臨時改變，刻意這麼做不只為省錢，也為了嘗試傳說中的背包經歷。

　　一開始不習慣，常為旅程中不順心的事不開心，後來漸漸發現旅行就跟生活一樣，有順利有困難，之前吃喝玩樂加血拚的旅遊方式不賴，卻遠達不到旅行的全部功效。後來回想，我為從小沒有養成探索習性感到遺憾，也為中年後還有機會重新出發感到慶幸。

　　自此我樂此不疲，每隔一段時間就想出去走走，有些行程困難度超出預期，每每在過程中有一種犯賤的感覺，想想待在家裡有吃有喝，有冷氣吹、有電視看，偏要跑出來受罪，天氣熱（冷）就算了，還睡不好又吃壞肚子，甚至還得冒被偷被搶風險，何苦來哉！

　　但說也奇怪，每次旅行結束回家，心中的另一個聲音總會響起：旅行太棒了！平時生活一成不變，旅途中見到陌生景象，接觸陌生人物，眼界得以開展，好奇心得以滿足，即使當下感受困頓、焦慮、生氣、害怕，但當一切成為回憶，留下的全是美好！

　　我那位英明睿智的老婆大人說過「人生經歷大於物質擁有」，旅行迷人之處正在於擴展經歷，功效也遠不只消遣調劑，因為少了探索的人生就像少了水分的植物，必將逐漸凋零枯萎，生活不偶爾冒點風險，人必將逐漸言語乏味，面目可憎。

　　小時候看辛巴達冒險小說和電影，總是搞不懂他歷盡艱辛危難，好不容易回到安全的家，為何每隔一段時間總還要再出發，出去找罪受？現在我懂了，因為「人生最大的風險就是沒有風險」！

　　旅行就像縮小版人生，對有FIRE夢想的人來說，不冒點風險說不過去，因為FIRE本身就是一場探險。針對金錢、健康、生活三要素，在健康上要一步一腳印，不冒任何險，在理財上接受一定程度計算後的風險，在生活上則要勇敢探索嘗試，將各種風險轉換成人生經歷。

　　有一位讀者寫信告訴我，說她受我的啟發，已經在上個月決定「縱身一跳」，現正在交接工作中，心情很惶恐，因為開始逐漸感受到接下來的生活完全是自己的責任。她問我是否有開設相關社團網頁，或在哪裡可以找到「如何安排退休生活」之類的信息。

　　我回答她：惶恐是正常的，更多的應該是興奮；

責任壓力也是正常的，更多的應該是自由自在！如果
網上找不到合適社團就自己開一個，跟不上前人腳
步就自己走出一條新路。對自己大喊三遍「我退休
了」，愛幹嘛幹嘛，不愛幹嘛不幹嘛，沒有對跟錯，
唯一的錯是不嘗試犯錯。

　　我們從小到大都習慣用「對」跟「錯」來衡量事
物，而所謂的對錯又全都存在於外界眼光當中。事實
是，人生沒有對錯，即使有也必須自己去感受，別人
經驗只能做參考。有沒有風險？當然有，否則不就失
去所有樂趣和意義了嗎？

FIRE了，耶！然後呢？

許多人以為FIRE的目的是財務自由，其實那只是手段，真正目的是自我實現。

多數走在FIRE道路上的人，和我當年一樣，出發點主要是想盡快脫離煩人惱人的工作，和為五斗米折腰帶來的種種身心限制，換句話說就是「不想如何如何」。至於究竟「想如何如何」，通常只有一個模糊概念，在已經出版的幾本和FIRE相關書籍中，作者在這方面很少著墨，不難理解，沒經歷過怎麼著墨？

我經歷過，可以很明白告訴你：**FIRE之後人生絕非理所當然的天堂，如果不小心管理，甚至可能從一個工作地獄跳入另一個生活地獄。**但不要怕，天堂不會自動產生，卻可以被製造出來，FIRE起碼讓人有

條件和環境去製造天堂，如何製造是本書第二部分的主要內容，在此先起個頭。

其實不管是否退休，人活在世就要追求快樂，快樂說難很難，說不難也真不難，管理好三件事基本搞定：1.<u>錢</u>，2.**身心健康**，3.**職志**，頂多再加一個人際關係，以下一一來談。

錢是FIRE族最關心的部分，一旦革命成功，順利把老闆炒了，也並非就此天下太平，後半生不再為錢所擾。前面說過，FIRE只是給你一個環境和條件不為五斗米折腰，過程中的兩個關鍵：少花錢和投資理財，必須長久規劃執行，否則愁苦日子隨時可能再現。

我見過不少和我一樣提早退休的人，不出一兩年又重回工作行列，其實我當年離開時也有同事和我打賭一年內必回職場，結果我贏了一塊錢。各人回去的原因不一，有些人受不了外界怪異眼光，有人自

認「閒不下來」，但更多的還是和錢相關，要不覺得還能賺不賺很浪費，或面對未知未來，需要更多安全感。

年輕人較少關心健康，工作的時候身體好一點壞一點感覺差別不很明顯，FIRE之後一方面隨工作壓力解除，許多原被掩藏的毛病會冒出來，二方面年齡漸長，老化現象必定出現。而且不只身體，離開職場也代表離開主流生活，心理上需要較強韌性，否則各種心理疾病很容易找上門來。

尤其對想趁機積極從事休閒活動的人來說，健康管理至關重要。以旅行為例，工作時休假旅遊，死拖活拉也會把行程走完，退休後的旅行心態和形態完全不同，需要更強的體力耐力。有些人致力於看似無須太多體力的靜態活動，如畫畫、寫作等，其實任何創作都很費心力，對身心健康的要求不但不比工作時少，甚至更多。

　　職志（也可叫做志業或其他名稱）就是自己最會做、喜歡做，做了感覺有意義的事，從事職志是「心流」（flow）[4]的來源，也等同於走上馬斯洛需求層次最高一層的「自我實現」道路。職志形態五花八門，和興趣嗜好有很高重疊性，也可說職志是個人興趣中最突出的那一個。

　　許多人以為FIRE的目的是財務自由，其實那只是手段，真正目的是自我實現，不知道或不從事職志是FIRE族最可能犯的錯誤，也是多數人，即使離開職場且溫飽無虞，卻因「閒不住」又跑回去的原因。因為離開舊的生活重心，卻找不到新重心，心慌意亂之餘，只好回到起碼熟悉安穩的職場，直到最終被迫才離開。

　　以上三件事的規劃管理都是越早越好，厲害的人

4　心流理論由心理學家米哈里‧契克森（Mihaly Csikszentmihalyi）首度提出，定義是一種將個人精神力完全投注在某種活動上的感覺；心流產生時同時會有高度的興奮感及充實感等正向情緒。

邊工作邊照顧健康，還能邊從事興趣嗜好，多數上班族時間精力有限，工作壓力又重，較無暇重視後兩項。但落後的功課遲早得補，這正是FIRE的好處，有比一般人更多時間和機會過人真正該過的平衡生活，不這麼做就失去了FIRE的意義。

　　總之，沒班可上、沒老闆可罵的日子聽起來很棒，卻很容易慌亂，尤其當環顧四周發現這樣的同齡人很少時，很容易感覺孤獨。即將或已然離開職場的你，準備好了嗎？不管你的退休是自願或被迫，FIRE或非FIRE，請綁好安全帶，讓我們開始人生下半場精采刺激的旅程吧！

↓讀者來函

偶然間在網路上發現,原來您之前有出另一本書《從CEO到樂活家》,也剛買回來看完。看完後,發現自己也有碰到類似的問題,想問看看老黑您是如何解決的?

(1)興趣如何培養?之前看大前研一說,退休前最好培養出十種嗜好,五種室內的、五種室外的。是先訂好假設想學習一種樂器,就去找老師學習嗎?不過完全沒接觸過,也不知對這個會不會有興趣?

我本來就對旅遊有興趣,看書上寫,老黑您原本是對旅遊沒有興趣的,那後來是如何發展出這項興趣?

(2) 旁人的觀感老黑您是如何克服的?不管是家人／朋友／前同事,好像久沒見面劈頭問的第一句話就是:「最近在幹嘛?」,好像自己身上一定要有一

個職稱，大家才覺得你正常。我又好像很賤，就是會受到這種旁人觀感的影響。

(3) 如何找到自己的終生志趣？是像您書中所說的，如：看書／電影、旅遊，不斷地接受新的刺激及體驗嗎？

(4)為何您書中不斷強調「創造」能力的重要性？您是如何發現「寫作」這項你喜愛的創作興趣？其它人要發展出他自己有興趣的創造能力，要如何著手？

Scott

↑ 老黑回覆

我覺得這四個問題其實有很多共通性，「45歲退休」裡提到「心流」，只要你做一件事經常有這種感受，它必定是你值得培養的興趣。前提是多嘗試，回想過去心流經驗是有用參考。

　　喜歡旅遊是人之常情，我以前是心境不對。

　　終身志趣就是興趣中最突出的那一項。

　　職志經常和創造相關，因為創造必定牽涉成長學習，學習沒有終點，樂趣源源不斷，永遠不倦不膩。

　　沒有終身志趣的人最怕他人眼光，有志趣的人只怕時間不夠用。

老黑 MEMO
FIRE 前的 22 點叮嚀

- FIRE就是：財務獨立，提早退休！

- 越早退休，壽命越長。

- 現代版退休是「退而不休」。

- 退休後的工作以實現自我為主要目的。

- FIRE三要素：多賺錢，少花錢，投資理財。

- 錢很重要，但人活在世的目的不是賺錢。

- 要賺錢，投資自己比投資理財更有效。

- 少花錢必須養成「斷捨離」生活習性。

- FIRE理財工具：ETF，以退休為目標的基金產品。

- 忠於工作，但不要忠於公司。

- FIRE非社會主流，面對質疑，管他去的！

- 工作能力：領悟力、成就力、影響力。

- 跨出熟悉，嘗試陌生，累積「失敗力」。

- 錢不是多多益善，是足夠就好。

- 克服流行性物欲症。

- 增強身體和心理移動能力。

- 有小孩一樣可以FIRE。

- 自由的前提是紀律。

- 儘早培養閱讀和旅行興趣。

- 主動投資自己，被動投資理財。

- 說沒時間運動等於說運動不重要。

- 人生最大風險是沒有風險。

第二部
FIRE後之實現自我

給即將退休及剛退休的人

現今社會再窮也餓不死人，錢多確實有好處，但除非會用，否則帶來的快樂有限，帶來的煩惱倒不少。

我要恭喜你！因為你的人生進入一個全新階段，在此之前，不管快樂幸福，或苦悶無趣，生活都不是自己能選擇控制的，不信嗎？想想看，從小時候上學讀書，到進入社會工作打拚，哪一天你有過真正的自由？幾乎所有人從出生到退休前的人生，都只能在不自由的大框架下尋求一些自以為自由的小確幸而已。

現在，受制於人的日子過去了，你可以天天睡到自然醒，不用再看老闆臉色，不需要再和同事客戶勾心鬥角，不用再煩惱業績死線，不再被手機電腦信息追著跑；你有充足的時間做以前想做卻沒時間做的

事，去想去的地方、穿想穿的衣服、見想見的人，或者，只要你願意……什麼都不做！

　　我警告你，自由的日子可沒你想像的那麼美好，過去雖受限制，起碼感覺安全，只要跟著大隊人馬念書升學、工作賺錢，成家立業就好，不管書念得好一點或壞一點，錢賺得多一點或少一點，總歸是同一套路，你不需要花腦筋去設計規劃生活，生活自然會推著你往前進。

　　現在一切都不一樣了，如果這時你還沒上過臺大、沒發過大財，基本上這些都不會發生在你身上。更可怕的是，人生不再有共同追求標準，你必須開始自主規劃生活，並為品質好壞真正負起責任，身邊或許有一些值得仿效的範本人物，但畢竟大家的經濟、家庭、健康、興趣不同，想學學不來，學了更後悔。

　　我提醒你：人生下半場有如一張白紙，對沒準備的人是處處充滿危機的開端，對有準備的人則是令夢

想成真的大好機會，多數人認為退休準備最重要的三件事是1.錢、2.錢、3.錢，相信你很快會發現，現今社會再窮也餓不死人，錢多確實有好處，但除非會用，否則帶來的快樂有限，帶來的煩惱倒不少。

你還會發現，除了1.錢之外，決定生活品質好壞的還有2.健康、3.職志，你的夢想必定和職志相關，不知道或不從事職志的人談不上有夢想，實現夢想需要健康和錢，所謂的退休準備講的正是這三件事，缺一不可。人生來到這節骨眼，錢的部分能做的事不多，生活重心該放在哪裡，不言而喻。

我建議你：轉換從人生上半場到下半場的心態，之前的戰役已經打完了，不管是光榮勝利還是棄甲投降，除非你還想打同一場仗，否則請換個戰場吧！你不需要和過去一刀兩斷，但必須徹底放下。和以前不同，新的戰役你只為實現自我而戰，敵人只有一個，就是昨天的自己，只要願意打，你只贏不輸。

　　此時此刻，你的財富和歷練都處在人生巔峰，健康卻只會往下坡走，時間是你最珍貴的資源，善加利用，接下來日子很可能成為人生最輝煌快樂的階段，但如果認為責任已盡，只想「消磨」時光，那麼，身體和意志就只會在病痛和遺憾中被「消磨」殆盡，無論如何都是自己的選擇，那你的選擇呢？

FIRE後，學會接受與放下

學會面對、接受、處理、放下，和臭皮囊和平相
處，讓剩餘生命保持發光發熱能力。

我四十五歲離開職場，寫書的現在剛好滿六十，
代表已然退休十五年，如今來談談心得，尤其近五年
的心得。

感想：如果用每五年做一區隔，對退休的感想
是……

第0年：憂喜參半。

第5年：好像還不錯。

第10年：這輩子最英明抉擇。

第15年：這輩子最TMD英明抉擇！

金錢：「長期投資」、「分散風險」是多年不變

兩大心法，平均回報是符合預期的五％左右，即使新冠肺炎造成二〇〇八之後另一危機，但也因有前例，以不變應萬變。老婆說得好：簡樸生活餓不死人，餘裕只用在旅行，一旦世界恢復正常，投資和旅行自然回歸常軌，如持續不正常，反正無法旅行，要錢做啥？

健康：一向自豪的健康，三年前被一場青光眼和伴隨而來的憂鬱症打敗，過去一年逐漸從谷底爬出，不是痊癒，而是終於理解許多和年齡相關的疾病「不可逆」，學會面對、接受、處理、放下，和臭皮囊和平相處，並努力延緩老化，讓剩餘生命保持發光發熱能力。

人際關係：近年越發覺得值得深交的朋友不需花力氣，必須花力氣維持的朋友不值得深交，加上早已放下面子，且對他人基本無所求，人際關係自然隨緣。有意思的是，自己放輕鬆連帶讓接觸的人也輕

鬆，好品質友誼反而更容易形成，空出心思也更能專心結交最重要的朋友：自己！

我沒有小孩，以前很少對此發表意見，隨著見多聽多四周同齡人狀況，現在我敢篤定說，有沒有小孩和退休生活品質關係不大，如果退休後因子孫而無法自在過活，通常只是自我設限。

生活：以運動、旅行、閱讀、寫作、音樂為主軸的生活內容不變，形式視情況調整。以旅行為例，和剛退休時不同，近幾年搭郵輪共計五百多天，期望疫情過後繼續，因為特別適合此階段人生需求。三年多街頭藝人生涯因眼疾告一段落，但不影響在家彈唱，和組「二月天」的樂趣。

退休第五和第十年分別出版退休相關書籍，如今第十五年也不例外，但寫作動機和方式和過去有不少差異，以前期望盡量將「好東西和好朋友分享」，現在覺得人生時光有限，不想不斷重複自己，趁還有能

力用力創造新經歷，獲得新學習，比執著於眼前一點
小小成就和名氣重要得多。

　　常有人問：已完成那麼多心願，人生是否還有新
夢想？我的回答是「有也沒有」，多年摸索，生活內
容雖已固定，但形式會變。再拿旅行為例，以前想環
遊世界，現在想深入非洲，之後想去哪我也不知，寫
作、音樂也是同樣道理，在有限人生持續做會做、愛
做的事就是永遠不變的最大夢想。

　　以上，為自己退休十五年留一記錄，或許平淡了
點，但畢竟是五千多個日子親身體驗累積下來的心路
歷程，和「我有一個朋友如何如何」，或書中說「照
道理應該如何如何」不一樣，也希望對有興趣和需求
的朋友提供一些幫助。

　　老黑哥你好，小弟姓×，四十八歲，醫生，財務ok，很早就想要退休，當見到你的書如遇知音，越堅定要退休。半年前把工作時間減少一半，我現在一星期工作四天，一天四小時。很想全退但是：1.覺得自己學醫二十八年，累積如此多的學問和經驗，放棄很可惜。2.捨不下名與地位，捨不得離開醫學界。3.太太支持半退，不同意全退。老黑哥可以給些意見和看法嗎？

GL

　　1.退休可以按意願分配時間，你要花部分精力在醫學，不管執業、教學、深造應都不是問題，反而是如何兼顧其他可能是更大問題，畢竟退休是為了做愛

做的事，否則就不用退了。2.願意承認離不開名利是一個好的開始，不用強迫自己，但想想因為追求名利而失去的東西，是否值得？或現在值得，再過幾年呢？3.和太太解釋退休的好處和壞處（強調好處，因為那部分你說了算），和因應之道，很多時候家人不是真的反對，只是害怕未知。

你還年輕，做的又是專業，選擇比一般人多，即使退了再回頭也不是大問題，反而如果現在不做，再過幾年志氣體力會被消磨。建議你想清楚大方向就勇敢跳吧，道路是摸索出來的，邊做邊調整，換個角度想，如果不到五十歲就把下一個五十年都計畫好了，人生多無聊，對吧？

職志怎麼找？
用5W1H來說明

我們大都不是莫扎特、梵谷之流，會對職志執著到
不做會死的地步，長期不想不做的結果是自然就忘
了。

在我經常提到的快樂生活三要素：金錢、健康、
職志之中，最不容易理解和執行的當屬職志。有人說
不知那是什麼，有人說不知如何找，不知如何做，不
知為何做等等，且試著用5W1H的方式闡述如下。

What：不要把職志想得太高遠，它只符合三個
要件：會做、喜歡做、做了有意義。舉凡能透過學習
練習而進步成長的事都符合，一般來說，對某件事有
興趣，學起來很輕鬆就可能是天生職志。

另一個定義是能產生「心流」（Flow）的事。

Flow是心理學用語，當人發揮技能專心做某件具有挑戰性的事，以致忘記吃飯、睡覺、時間時所處的心理狀態。心流是持續「喜悅」（有別於短暫的「愉快」）的主要來源，能創造心流的事很可能就是天生職志。

依上述，吃飯、睡覺雖然很愉快，但不是職志，因為缺乏挑戰和學習，賭博和電玩雖然令人廢寢忘食，也不是職志，因為缺乏利他意義感。職業和職志相重疊的人最幸福，可惜有這樣福氣的人不多。

Why：從事職志等同自我實現，是生而為人的必然需求。馬斯洛需求理論將需求分為生理、安全、社交、尊重、自我實現各層次。除非所有層次都得到一定程度滿足，否則人不會真正感受快樂。

這就是有人即使有錢有名、人緣好、受人尊重，但仍不快樂的原因，自我實現是幸福人生必經之路。

Who：天生我才必有用，每個人都有職志，只

是能力有高低，因此自我實現道路上不要和任何其他人比較，只要和昨天的自己比就好。

從事職志不見得「成功」，但各行各業的成功者從事的大都是職志，而非職業。專心一志做自己最會做、最喜歡做的事，自然容易創造卓越！

When：職志基本天生，終其一生不隨時間改變，事實上，我們小時候憑直覺反應就很清楚自己會什麼、愛什麼，隨年齡增長，心性越加「蒙塵」的結果反倒忘了老天賦予。

Where：既然職志天生，就不用去外面「找」，只需向內「挖」，過程說難不難，說容易也不容易，我們大都不是莫扎特、梵谷之流，對職志執著到不做會死的地步，長期不想不做的結果自然就忘了。

以我為例，職志是寫作，但在中學畢業、沒有作文課之後就沒寫過文章，根本不知道自己會寫愛寫，是後來費了不少功夫才挖出來的。

How：重點來了！兩個層次，不知道職志先要找到，方法包括回想曾經歷過的心流體驗，此外，之前說過要向內挖，不知道職志通常是不認識自己的結果，不認識是因為將熟悉視為理所當然，要認識內在可從認識外界著手。

兩個工具：閱讀和旅行！兩者都可幫助認識陌生外界，透過認識陌生重新理解自身，有句話說「**旅行的目的不是新地方，而是用新眼光看熟悉事物**」，認識自己就會認知內心需求。

最後一個方法是：**嘗試，不計後果的嘗試**！借用一段之前網友留言：「我也不確定我個人的職志，但我從五十歲退休後，今年已五十八歲了，就一直追求自己想要的東西，爬高山、露營、健行、學畫畫、攝影、騎腳踏車、坐火車，馬拉松樣樣都來，每樣都樂在其中，玩膩了就換別的，反正也不要有壓力，想用什麼方式來學習成長都可以！」持續這樣做，能不知

道自己的職志嗎？

　　一旦知道職志後要如何執行？一頭栽進去做就對了！不要事先訂定目標，因為那不是職志的初衷。

　　記得有次在新書發表會上一位朋友發言說：「別說的那麼神聖，如果書賣不好你還會繼續寫嗎？」我下意識回答「相信我，如果賣不好我還是會寫，沒人幫我出書我還是寫，把我手腳綁起來還是要寫，老天把我生下來，別的不會，會做、喜歡做，做了有意義的事是『寫』，那我寫就對了！」

　　以上不知是否將職志說明清楚了呢？認知並從事職志是內心的喜悅感源源不絕的主要來源，其中最大關鍵是認識自己，過了這關海闊天空！

實現職志的障礙：
錢、面子、生死

東方人常視死亡為忌諱，不看不談也不做準備，這樣很容易忽略人生有限這個現實。

延續上篇對「職志」的闡述，過往經驗告訴我，不少人即使理解涵義，要做還是有難度，換句話說，認知是一件事，接受並執行是另一件，主要障礙有三個：

一、錢：承認吧，我們從小到大所處環境，包括家庭、學校、職場、社會都告訴我們，人生最重要的事物就是錢，即使嘴巴不說，潛意識卻很死忠。這點本身並沒有錯，想想馬斯洛需求層次，從最基本的溫飽到最高境界的自我實現，哪一樣不需要錢？錢的重要性再怎麼強調也不為過。

　　錯是錯在把錢當成目標本身，而不是達成目標的工具，人生上半場努力賺錢用力省錢，天經地義，但這習性到了下半場必須轉變。許多人退休後仍根深蒂固認為做不能賺錢的事是浪費時間，因此放著會做、喜歡做的事不做，卻願意花一整天排隊買打折品，只為賺一點或省一點無法真正提升生活品質的小錢。

　　二、面子：這個社會教會我們的另一件事是：攀比！從小比到老，分數、學歷、工作、相貌、家庭、子孫、財富、地位，無事不比，無時不比。攀比有好處，人生上半場攀比能激發工作潛力；但也有明顯副作用，包括自卑自大、憂鬱焦躁、自暴自棄等，到了人生下半場，攀比則有百害而無一利。

　　半輩子積習很難說改就改，於是退休後，愛畫畫的人不畫，因為怕作品上不了檯面；愛唱歌跳舞的人不唱不跳，因為怕被陌生人看笑話；學英文的人開不了口，因為怕同樣在學英文的孫子說發音奇怪，想

東想西，比這比那，時間很快流逝，一旦健康拉起警報，更是冠冕堂皇給自己不試不做的理由。

　　三，生死：東方人常視死亡為忌諱，不看不談也不做準備，這樣很容易忽略人生有限這個現實，徒留遺憾給自己、麻煩給後人。包括以前的我在內的許多人口頭禪是：等到××時候，就可以做××事！事實是，即使那天真的來了，又會給自己設新門檻，而隨年歲增長，更有可能的是，那天根本永遠不會到來！

　　演講時我常以一位我認識的長輩為例，她身體不好，長年坐輪椅，除了家附近哪裡都不去，卻好幾次對我說，等她哪天能走路時也要像我一樣去環遊世界，我聽多了有一回回答她：×媽媽，你很可能等不到那一天，但只要願意，即使坐輪椅，也可以做很多想做的事，去很多想去的地方。

　　要克服上述三點，必須誠實面對自己內心，想清楚人生走一遭究竟圖些什麼，又希望留下些什麼，雖

說人各有志，各人價值觀不同，但不管目標為何，相信你都會同意，這三件事不該成為追求目標過程中的障礙，會受它們干擾，不過是被不相干的社會風氣，或多年積習影響而已。

　　人只能活一次，如果不知道職志是什麼，趕緊去找，如果知道卻仍覺得窒礙難行，想想是否和上述三件事有關，如果是，試著放下吧！轉個念海闊天空，人生是否過得值得和精采，經常就在這一念之間！

要忘掉自我實現嗎？

這地球上只有一個「我」，來到世上走一遭可不是只為了平平淡淡，無風無浪度過一生。

　　報章雜誌上時不時可見到類似這樣的說法：忘掉自我實現吧！因為那是屬於少數人生勝利組的專利品，一般人做不到，如果勉強做，只會在原本辛苦的生活中，更添沮喪失望而已。通常舉出的例子包括：環遊世界、跑超馬，或達到某些特殊成就，一般人難以完成的事蹟。

　　我對這種說法並不贊同，就拿環遊世界來說，有人做過統計調查，發現超過九十％的人有此夢想，而只有一％的人能最終完成，但那是夢想，是願望清單中的項目，不是個人的天賦特點，自我實現（Self-actualization）指的是將個人長才潛能盡量發揮出來，

和「出人頭地」沒有必然關係。

我贊成人要有夢想，所謂有夢最美，也鼓勵大家儘早列出願望清單，一步步朝目標前進，也就是築夢踏實。我也同意夢想不該與現實脫節太遠，因為那樣沒有任何好處，而如果「忘掉自我實現」指的是「不要癡人說夢」，倒也無可厚非，但這與我所了解認知的自我實現大不相同。

馬斯洛需求層次中的自我實現不是「高大上」的專屬品，而是只要身而為人就必然存在的需求。確實，不是人人都能滿足這樣的需求，但不能滿足的人並不是一般人眼中的「魯蛇」，而是不能滿足其他人性需求的人，這正是馬斯洛需求理論分層次的原因，前一層未得滿足，後一層就不會發生。

層次依序分為生理、安全、歸屬感、尊重，自我實現，也就是說，只有溫飽得不到保障的人、極度缺乏安全感的人、孤獨的社會邊緣人、沒有自尊或感覺

不受尊重的人，才無法走上自我實現道路，所有其他人，無論身分地位，勝利組或魯蛇組，都可以！

以此為準，衡諸當今社會，與其說只有少數人能實現自我，更貼近事實的應該是只有少數人不可能實現自我。

另外一個迷思是「自我」，將實現自我和夢想相混淆，會認為只有達到一般人達不到的功績才叫「有自我」，多數人沒有自我，只能過平淡生活。事實是，誰沒有自我？實現自我不必然「成功」，但必然不斷學習成長。

舉例來說，李安是個有自我的人，不是因為得奧斯卡，即使不得獎，他還是一個走在自我實現道路上的無名小導演，只因為他不斷在學習成長，發揮所長。

如果不必然成功，那走在自我實現道路上的人有何特徵？以下是心理學家的結論：「能發揮潛能

的人，較不易受到焦慮與恐懼影響，因為他們對自己及他人都能抱著喜歡及接納的態度。他們雖然也有缺點，但因為能夠接受自己的缺點，所以較一般人更真誠，不會刻意防衛，也對自己和生命更滿意」。

想想看，拋開奧斯卡光環，這是不是你在李安身上看到的特點？你的生活四周，是否有具備這些特點，卻不是所謂人生勝利組的人？

勸人「忘掉自我實現」的出發點是好的，因為這樣可以避免過多攀比帶來不必要的焦慮；勸人安於現狀，做個快樂魯蛇的用意是良善的，因為這樣可以減少生活壓力；但別忘了，古今中外，這地球上只有一個「我」，來到世上走一遭可不是只為了平平淡淡，無風無浪度過一生。

每次談論自我實現，我都發現許多人覺得那是距離自己很遙遠的東西；事實是，除非吃不飽穿不暖，沒朋友缺自尊，否則它一點都不遠，不但不遠，從出

生到往生它一直都在我們身邊，我們該做的事是，認

識它、了解它、實現它！

↓ 讀者來函

　　我今年四十歲，本來打算四十五歲就退休了，但是去年太太發現患癌，心裡的計畫曾經出了亂子，還好太太的治療效果很好，身體也回復得很好，但是癌症的來臨，讓我發現人生的短暫，無論將來發生什麼事，不要後悔，所以想暫時退休和太太旅居看世界，金錢上我們已經有足夠的投資回報，因為還要帶兩個小孩，去其他地方念國際學校，怕未來帶着他們住世界周圍走，影響了他們的未來，所以一直都在擔憂這個問題。在這裡想看你對我們這個計畫的意見。

BM

↑ 老黑回覆

　　我認為你們夫妻在面對工作／健康衝突時的抉擇是勇敢而積極的，這方面剛好個人也有類似經歷因而體悟頗深。至於小孩教養，我沒小孩所以不常發表意見，但不發表不代表沒意見，個人認為小孩養成最重要的是來自家庭（尤其父母）灌輸培育的價值觀，和養成認識自己的生活習性，中小學教育則不要太離譜就好。人生最重要的是實現自我，不是考第一名，為此，我鼓勵你們帶小孩去看世界，只要方式正確，不但不影響教育，還為他們未來另開一扇窗！

FIRE之後的理財技巧──
解決金錢焦慮

平均年回報率五％，低風險、低成本、最好是固定配息，若要符合這幾項條件，投資人有多少選擇？答案：很少！

這是人們經常問我的問題，卻不是一個我愛談的話題，不愛談不是因為想隱瞞，又不是要借錢，沒啥好隱瞞；也不是因為不懂，我確實不是專家，不能說出一套套金融理論，但畢竟FIRE至今十幾年，套句川普總統吃奎寧防新冠肺炎後說的話：**I'm still here！**

不愛談是因為我覺得不值得花這麼多時間精力談，我自從FIRE後，按照計畫，花在投資理財上的時間大幅減少。FIRE的目的不就是自由自在，專心做自己愛做的事嗎？除非投資理財是愛做的事，否則

花那麼多時間精力做啥？

　　另一個原因是我覺得沒什麼好談，想想看，在沒有固定收入前提下，平均年回報五％，低風險、低成本、最好是固定配息，若要符合這幾項條件，投資人有多少選擇？答案是：很少！既然選擇很少，還有什麼好討論的。

　　之前說過個人做法是，長年期投資外幣定存、債券型基金、大型企業海外債，或ETF，不是同時全部都投，而是看狀況調整項目和比例，不碰別的是因為不懂，或回報過低，或風險過高。

　　有人覺得這樣做法風險還是太高，例如外幣有匯率風險，股票債券可能碰上金融風暴等。確實有，但這就是現實世界！如果是真的一點風險都不要，只能把錢存在銀行帳戶，或藏在枕頭下面，但風險沒了，卻有來自通貨膨脹的確定損失，資產必定越來越少，對多數人，尤其對FIRE族來說，根本不是一個

選項。

所以那就摸摸鼻子勇敢投資吧！要投資就無法完全躲避風險，只能管理、長期持有，分散貨幣就是管理方法之一，匯率能跌也能漲，這個貨幣漲那個貨幣就跌，反之亦然。尤其對像我這種經常旅行的人來說更沒差，貨幣越跌，越到那個國家消費去。

至於金融風暴，就當每隔一段時間必然發生的事件，試著和它和平共處，想想看，世界正處在史上最富裕的階段，經濟連年高速成長，偶爾風暴一下不過正常調節。有意思的是，個人投資失敗很痛苦，碰上風暴，大家賠錢，似乎就沒那麼嚴重，正如個人碰上意外很痛苦，世界末日來了倒還好，反正大家一起死⋯⋯。

說穿了，多數退休族為這事煩惱的主因是「金錢焦慮」，焦慮的程度和擁有的資產高低沒有必然關係，錢少、錢多、錢不多不少，都可能焦慮，也都可

能不焦慮。焦慮的原因可能是擔心溫飽不保，但更可能是怕損失，損失可能來自賠錢，也可能來自少賺，或賺不夠，總之，人要為錢焦慮原因百百種。

但要不為錢焦慮大概只有一種做法：**管理期望，掌控生活**！觀察生活四周那些不為錢所困的人，你會發現一些共同性，他們的物質欲求通常不高，或許不到安貧樂道境界，但和名車、名包基本絕緣；他們大都不在意外界眼光，言談中很少抱怨或攀比；他們對生活充滿自信，不隨環境變化起起伏伏。

如何做到管理期望、掌控生活？答案是：從事職志！當生活中有比錢更重要更值得追求時，錢就像食物、空氣一樣，人對它的期望不是越多越好，而是不缺就好。記得離開職場後有一次和老同事聚餐，大家問我的財務狀況，當下被逼急了，忽然冒出一句：「我不缺錢！」引來一陣嘩然。

你是否有金錢焦慮呢？先問問自己能不能心平氣

和地講出這樣一句話？

　　以上，講了一堆和理財不相干的東西，如果沒能回答你的問題，抱歉！但我真的認為，來到人生下半場，多數問這個問題的人，需要的答案不是買什麼股票或賣什麼基金，而是如何解決金錢焦慮。所謂大道至簡，搞清楚錢的本質和來龍去脈，投資理財真的沒有想像中那麼可怕、複雜。

錢要怎麼花才聰明？

「如何花錢」照理說是青菜蘿蔔各有所好，但如果一定要有所評斷，那就是這筆消費帶來的滿足感高低，以及持續時間。

臺灣人聰明、勤奮、節儉，進入社會後賺錢、省錢、存錢的本事好得沒話說，但人生上半場生財能力強，不代表人生下半場花錢能力同樣好，不但不夠好，個人覺得這方面我們比多數其他國家差。

舉幾個例子：

一，一對夫妻省吃儉用半輩子，兒女成年，自食其力，沒有經濟壓力的中年夫婦生活還是很節省，但因為有餘裕，就開始買名牌包、名表、名車之類的奢侈品，犒賞一生辛勞。

二，進入空巢期的婦女，嚮往旅遊，但因經驗有

限不知如何下手，看到朋友臉書曬照片、被旅行社廣告吸引，決定參團去杜拜，玩什麼不清楚，主要目的是到七星級帆船飯店吃一客價格不斐的下午茶，拍貴婦美照回來向人炫耀。

三，FIRE成功，明明生活簡單，卻發現花費比退休前還高，仔細一想一算，原來成天沒事坐在家裡看電視，透過購物頻道買了一堆可有可無的東西，花錢不算，家裡空間更顯凌亂。

以上事例（如有雷同，純屬巧合）不斷出現在生活四周，照理說「如何花錢」是青菜蘿蔔各有所好，但如果一定要有所評斷，那就是這筆消費帶來的滿足感高低以及持續時間。

錢要花在能得到體驗的地方

以此為準，智者專家不斷告訴我們，體驗勝於物質，精美物品確實令人滿足，但持續時間短，很快會

被想要更多更好物品的焦慮取代，心理學上這叫「快樂水車」（Hedonic Treadmill）[5]。體驗則像肌肉，是你的就是你的，誰也拿不走，而且不隨時間貶值。

另一項CP值不高的消費，是花錢買「被人看得起」，這點其實和快樂水車的本質異曲同工，水車必須不斷滾動，今天被這群人看得起，明天就想被另一群人看得起，無休無止，無法真正快樂。

那錢到底該花在哪裡？花在能增加體驗的地方，體驗令人長久回憶，老來不感遺憾；花在讓自己成長學習的地方，滿足實現自我人性需求；花在幫助別人的地方，施比受有福，福氣帶來內心平靜喜樂！

許多西方人認為聰明花錢最高境界是「破產上天堂」，也就是離開世界那天把最後一塊錢花掉，東西方價值觀不同，不需完全效法但可做借鏡參考。

5　諾貝爾經濟學獎得主丹尼爾卡尼曼（Daniel Kahneman）提出。指的是一種永不滿足的嫉妒心態。富人享樂比窮人多，但因為期望也較高，「生活滿意度」未必更高。

　　無論選擇用什麼方法花錢，千萬不要讓「人在天堂，錢在銀行」慘劇發生在自己身上，這牽涉到如何處理遺產。林則徐是古代大官，也是有錢人，他說「子孫若如我，留錢做什麼，賢而多財，則損其志；子孫不如我，留錢做什麼，愚而多財，益增其過」。

　　說得好！驗證當今社會，所謂富二代多不成材，成材者大都憑自己本事，個人看法是完全沒必要留遺產給子孫，一定要留，也要在留出自己的養老和實現夢想經費後，限定數額，而且儘早經由訂立遺囑確認，不要不理不睬或故意搞神秘，以致危害到親子之間，或下一代手足之間關係。

　　聰明花錢除了表現在增加體驗，還在於不斤斤計較。我認知到這點是坐郵輪旅行的時候，船上隨時隨地有人提供服務，按規定無須另外給小費，實際上卻有不少人給。我過去除非必要沒有給小費習慣，見狀有幾次剛好身上有零錢也入境隨俗，不管對方反應如

何，每一次這麼做都自我感覺良好到不行。

　　後來我把這種習性帶回到日常生活——不是到處給小費，在臺灣隨便給小費會把人嚇到；而是例如和小商小販打交道，即使明知價格稍高，也不討價還價，或不為一些商家提供的小利小惠而花費心力，我為這樣一個小小改變而多花或少省的錢，和它帶給我的大大輕鬆滿足感相比，微不足道。

　　步入中年，一個人的心態，以及由心態所反映出來的面相和氣質，和用錢方法有很大關係，精打細算半輩子，該是學會真正聰明花錢的時候了！

↓讀者來函

　　我是師大附中一九六二年畢業的校友，附中畢業後，考上醫學院，一九七一年到美國受訓，一九七七年定居洛杉磯。開業三十三年後，去年退休，結束我人生的上半場。在將近一年半的中場休息時間，也像你書中所講的花很多時間在追尋及思考退休以後的歸劃。難道只能看書旅遊打高爾夫嗎？

　　今年四月十日師大附中畢業五十週年慶，我借著由美國洛杉磯回國參加畢業五十週年校慶之便，前往宜蘭羅東聖母醫院拜訪陳院長。他介紹該院是六十年前由一群義大利醫師傳教士所創辦。他們無怨無悔的為僻遠弱勢臺灣人服務。其中義籍范鳳龍外科醫師，終身未娶，開刀八萬多抬，三十八年如一日，服務宜蘭鄉親至死方休。而我這位由臺灣栽培教育的臺灣子民都無法回饋，我深感慚愧，所以決定回國到羅東服

務。八月一日開始在聖母醫院小兒科上班，也算是衛生署宣導的鮭魚回歸第一批回歸群。

像你在書中所提，我是退而不休，是在進行我的職志。我主導我服務的時間及內容，我決定奉獻的對象，星期二自願到山地巡迴義診，我還研究抗老醫學。就像你寫書創作造福社會，你找到你的職志，你說是嗎？

我非常同意美國一哲學家的觀點。他說人生的五大目的，1.一生能夠做你喜歡做的工作。2.一生能勇敢冒險不怕失敗。3.一生中能在愛的環境中度過。4.一生能夠活得自在，活在當下。5.一生感恩一生奉獻。我會以此做我退休後的座右銘。

田兄乃有真智慧的人，拜讀大作，深有同感且非常佩服你的勇氣和觀點，冒昧給你寫信，希望向田兄請益退休之道。

CX

↑ 老黑回覆

　　學長事業有成，回饋鄉里，令人感動，從大城洛杉磯遷居小鎮羅東，由奢入儉，令人佩服。但我相信學長應會同意，令人感動和佩服不是選擇如此人生下半場的原因，而是讓自己有機會長期從事會做、愛做、又能夠幫助別人的職志，走向實現自我，才是人生追求的極致目標和樂趣泉源，為此，我向學長的抉擇說聲：恭喜！

異地退休的各種考量

這麼多退休老人住在寸土寸金的鬧市區，難道只有我覺得有問題嗎？

前陣子在講座談到「異地退休」這個話題引起不少興趣和討論，我是這事百分百實踐者，退休以來都不住老家臺北，前五年在北京，近十年住高雄，以下來談談個人心得：

二〇〇六在北京離開職場，正值中國城市高速發展，加上即將辦奧運，各種日新月異，光怪陸離的現象看得人眼花撩亂，身逢其時樂得不願離開，幾年後，北京的空氣、交通、物價等生活條件急劇惡化，於是逃之夭夭。

回臺打的算盤是不想人擠人，卻又離不開城市的便利和藝文活動，於是悠閒寬敞，聯外交通便捷的高

雄雀屏中選，附帶好處是買賣房屋帶來的獲利，提供旅行經費，一住至今仍為當時英明決定感到慶幸！

　　每次談這些，總會碰上想做類似嘗試，卻有種種顧慮的人，顧慮包括放不下家人親友、離不開醫療設施、擔心生活不便、害怕不能適應，認為年紀漸長一動不如一靜等等。

　　先說社交圈，進入人生下半場，重點是要讓包括家人親友在內的他人願意親近自己，如果願意，即使住到天涯海角人家都會自動找上門來，但如果意願不高，卻又必須經常見到（因為住得近），不過增加相互厭惡感而已。

　　不知你有沒這樣經驗？同學朋友經常利用其中有人從國外回臺時聚會，形成的結果是住得越遠碰面次數越多，住在同城一年見不到一次倒是常事，說明重點不是地理距離，是心理距離。

　　再說生活，我有一同事，退休後跑到臺南後壁買

地種菜養雞，標準臺灣鄉下地方，距離市場、超商、餐廳、診所騎車不過一二十分鐘，如果有較重大醫療需要，開車到成大或奇美醫院都不到半個鐘頭。他的農舍一年到頭親友訪客絡繹不絕，更別提還有新交的在地厝邊鄰居。

　　想說的是，臺灣島內，除了極少數例外，根本沒有真正意義上的「鄉下」，如果我同事住的地方叫偏僻、孤獨、不方便，那多數歐美退休人士可說都住在不毛之地等死了！

　　說到歐美，年輕人因為就學、就業，擠在大城市無可厚非，退休人士則大都選擇離開昂貴、生活品質不佳的大都會，移居物價較低廉、氣候較溫暖、空氣較清新的地方。如美國人退休後搬到銀髮天堂佛羅里達、亞利桑那等州，澳洲人往北邊的昆士蘭跑，北歐人往南歐去，日本則有不少人移居東南亞國家。

　　臺灣卻似乎不分男女老少只有一個理想地址：臺

北！「天龍」之名顯然不是浪得。國際大城房價被全世界推高，臺北則純粹被本地人炒到世界第二（房價／收入比），現象獨一無二。這也是我當年回臺，本想在臺北置產卻覺得不值的原因。

換種說法，對照美國，臺灣的紐約在臺北，臺灣的佛羅里達還是在臺北；再看看紐約蛋黃區曼哈頓的老人比例有多高，臺北蛋黃大安區的比例又有多高？我不知道統計數字，但我老家在大安區的國民住宅，社區裡輪椅加外勞隨處可見，這麼多退休老人住在寸土寸金的鬧市區，難道只有我覺得有問題？

最常聽到銀髮族離不開臺北的原因是「醫療」。我覺得似是而非，佛羅里達不是原來醫療就發達，是銀髮族聚集多了，需求自然吸引供給。臺灣的怪現象更多是歸因於房價、家庭關係、生活圈，甚至階級意識、面子等。

可能臺灣和歐美退休人士最大差異是適應陌生環

境的能力，這點和經歷有很大的關係，年輕時曾因學業或事業而移居異地的人，進入人生下半場適應力較強。但如果缺乏這方面經驗，現在開始也不晚，世界很大很有趣，只要願意主動敞開胸懷，絕大多數人都會同理相待，真的！

依上述，確實有兩種人不適合異地退休，**一種是健康太差的人**，原因不需多說，另一種，也是大多數，是**對人和環境較依賴的人**，而這點可經由跨出舒適區改變，但如果真的不想改也沒關係，凡事有得有失，人貴在自知。

說那麼多，不是建議你明天把房子賣掉搬到荒郊野外，而是要你不要把居住地想成無可改變的理所當然，有時轉個念海闊天空，異地退休能夠創造的可能性經常超出想像，某人因此得以搭郵輪多次環遊世界就是其中一例。不要聽別人建議，尤其不要聽我的建議，但請務必聆聽發自內心的聲音！

切記好漢不提當年勇

同樣的當年勇見一次說一次，問最近忙啥卻講不出個所以然來。

四周同齡朋友陸續退休，進入人生下半場的新鮮人有些如魚得水，有些失落徬徨，和他們隨便聊幾句不難發現其中差異，適應好的人滿腦袋新想法、新計畫，迫不及待嘗試新活動，適應較差的則大都沉浸在職場往事之中，難以自拔。

職場是多數人人生至此投入最多時間精力的地方，退休一腳踢開自然不容易，但畢竟結束了，就像年輕時結束學業一樣，社會新鮮人帶著滿滿回憶離開青澀成長期，這時如果放不下學校種種，專心打拚工作、感情，必定導致日後事業，家庭成績大打折扣。

FIRE後的道理也是一樣，有些人或許以為離開

職場等同無所事事、看看電視，這在我們父母輩確實如此，但拜長壽和科技之賜，退休不但是吾輩之人所必經，而且長度不下於任何其他階段，對人生的重要性自然也和我們的父母輩不可同日而語，缺少準備必會失落徬徨、無所適從。

準備不足的特徵正是「好漢愛提當年勇」，同樣的事情見一次說一次，問最近忙啥卻講不出個所以然來，年輕人只當長輩愛碎碎念，能躲就躲，有共同經歷的老朋友容忍度高一些，但聽多也會受不了。

男人這方面傾向比女人又更強烈許多，幾個中年男人湊在一起，不談過去工作種種似乎無話可說，一談必扯當年自己如何英勇威武，他人如何不識抬舉，要不就是我和那個××（重要人物）很熟，那個××（知名人士）又跟我很麻吉，這些話題本身沒問題，問題是話題中的人事物和眼前生活一點關係都沒有。

尤其許多事業有成者愛參加的「××會」、

「××社」，我私下給它們起了個名字叫「老男人俱樂部」。沒有不敬之意，事實是這些組織對社會貢獻很大，只是偶爾參與聚會，每次我都為部分成員間檯面上相互吹捧、檯面下暗中較勁，感到渾身不自在。

這麼說不表示應該把過去像翻書一樣一筆勾銷，曾經努力換來的成就，說沒感覺太矯情，與人分享也無可厚非，但在多年之後還期待人家用讚許艷羨眼光看待，那就是想太多了。何況人有各種不同面向，過去的已過去，人當然可以選擇繼續留在原地，但世界不會因為任何人而片刻停留！

比愛提當年勇更糟的是愛提當年「恥」，有些人終其一生忘不掉曾經有負於己的人或事，常帶著一股怨氣過活。個人看法是，要不把當年仇家找出來毒打一頓，徹底出了這口氣，要不學會和往事和平共處，長期背負負面情緒對自己有百害無一利，還很容易成為一個「鬼見愁」，用怨氣把四周親友一起拖下水。

　　「長輩」在如今社會是個負面名詞，是否是「長輩」經常不是取決於年齡，而是行為。過去經歷造就現在的自己，是一生資產，不會、也不該被忘掉，有人愛聽你的經歷不要吝惜說，沒人愛聽就不要囉嗦。來到人生下半場，凡事惜福，但不要流連，更不要自憐或自戀，**今天，是剩餘人生的第一天**，move on！

出門找樂子，
拋夫棄子又如何？

許多女性或許會說養兒育女，相夫教子就是自我實現，其實那只能叫犧牲奉獻。

退休男性放不下過去工作成就，中年女生放不下的則大多和家庭有關，女人年輕時結婚生子、相夫教子，匆匆數十年轉眼即過，孩子大了，老公退了，才赫然發覺自己老了，過去幾十年全為他人而活，容貌改變還在其次，生活除了養育子女外，似乎談不上有何明顯學習成長。

說起來，空巢期的女性比男性更不好受，男生從職場退了就退了，還可以回味當年勇，女性所在乎的人事物一直在變，不像過去凡事受自己掌控還硬要插手，於是寶媽虎媽、婆媳關係，各種惡名麻煩接踵

　　而來，又不能像男人那樣自吹自擂，因為狀況說變就變，多年養成的操煩習性既難改變，又派不上用場。

　　幸好，不知是基因還是社會風氣使然，女性調整心態的能力比男性強得多，通常講「孤單老人」多指男性，中年女性很少孤單。不但不孤，似乎比年輕時還更熱衷社交，而且不需要加入××社或××會才能交朋友，公園、菜場、小七、速食店，隨時隨地，三五好友嘰嘰喳喳有說不完的話，男同胞很難插上嘴。

　　社會學家說這正是女性平均壽命較長的主因，藉由倒心裡垃圾、不爽得以發洩，鬱卒得以排解，不像男性「矜」久了容易悶出病來，相信這點和女性不如男性那麼在乎面子有關。男生不是不想豁出去交朋友，多年社會壓力養成競爭習性使然，有損個人威風的話題經常開不了口，自然也就倒不成垃圾。

　　中年女性除了會倒垃圾，性格也比中年男性獨立自主許多，不少退休歐吉桑不但不會倒垃圾，生活上

也容易成為家中的「大型垃圾」。好手好腳卻寧願當沙發馬鈴薯，美其名是美好戰役已經打完，休息有理，其實大都是依賴心作祟。歐巴桑剛好相反，平常忙慣家事，空巢期依然閒不下來，多出時間就出門找樂子。

愛旅行的女性看似比男性多得多，其實旅行人人愛，沒有性別差異，只是女生更獨立；通常男生出遊只能跟老婆去，女生卻能跟老公去、跟子女去、跟姊妹淘去、跟陌生人去，甚至一個人自己去。根據我的觀察，旅途中見到單身的女性比例遠大於男性，而且單身女性的自在享受程度，完勝單身男性。

這些都是身為歐巴桑的優點。至於阻礙中年女性走上自我實現道路的，還是得講回懸命一生的家庭，這不能算弱點，只算特點，過了半輩子沒有自我的生活，突然有機會和條件實現自我，不是件容易的事。

許多女生或許會說養兒育女，相夫教子就是自我

實現，其實那只能叫犧牲奉獻。自我實現必須把個人特點長才發揮出來，如果不知道自己的特點長才，即使有時間、不缺錢、身體健康，也頂多只能和姊妹淘喝喝下午茶、唱唱卡拉OK，不是說這樣不好，這樣已經比不少男性強，但總還少了什麼。

個人建議是，孩子成年、老公退休，該是女性同胞「拋夫棄子」的時候了。不只為自己好，更為他們好，別再說家人離不開你，其實是你離不開家人，**如果不希望子女成為媽寶，老公成為大型垃圾，那就放生他們吧，生命自然會找到出口，真的！**

更重要的，放生自己吧！為家庭無怨無悔付出寶貴青春，除非還想在母親節得個「模範母親」獎，否則該是想想自己一生至此還有什麼願望，夢想的時候了。全世界你虧欠的只剩一人，就是自己，找回原本的你，給自己一個實現自我的機會……而你知道嗎？你的老公小孩，即是嘴巴不說，心裡也都希望你這樣！

↓ 讀者來函

我與另一半都是現在被鬥很慘的公務員，兩人收入約十萬元，兩個女兒一位大三、一位高二，我們希望五年內儘早退休，房屋貸款一百萬總市價約一千萬，是臺北市中心花錢非常方便的抗跌區。因為太晚才看到你的大作，之前有多少花多少現金存款剩二十萬，一家四口花費一個月約十萬，存到十萬就出國旅遊，年年如此！

如果我現在就退休每月只有兩萬二的月退俸，而另一半要三年後才能領月退約五萬元，我如果三年或五年後退，頂多多個五千月俸，如果我們採用搬遷到較便宜房價的市郊與簡樸自律退休法，相信兩位女兒五年後一位已就業一位大學畢業，我們的月支出應該會降至七萬元以下，如果以上一切條件不變，我們是否可在目前開始規劃五年退休計畫？

因為另一半在日本進修過，一直有在北海道置產（若兩人夠住約須三百萬臺幣），以便夏天在北海道長住四個月避暑的夢想，甚至她已經與她的日本老師說好退休後到她們染房去做義工，我們都喜歡旅遊，也想過自己真正的志業就是換個環境重新從五十五歲開始做義工，並教導腦部開發較為遲緩的兒童。之前我們已經跑北海道接洽過，決定勇敢踏出去，面對還看不到的挑戰，倘若如此，僅靠月退俸可行？還是我們需要更多的資金來做後盾？

YY

↑ 老黑回覆

我覺得你自己已經回答了自己的問題！你倆只要願意過較簡樸生活，而且沒有打算留一大筆遺產給子女，三五年後退休應不會缺錢，而要過簡樸生活最難的就是找不到職志，你倆不但清楚職志，而且已經開

始著手準備，所以也完全不是問題。

　　如果我是你，現在會做幾件事：確保自己和家人有比健保更多一些的醫療保險，和另一半一起養成運動習慣，建立起一個簡單持久的投資組合，然後就在最早可能的時候選擇退休。

　　既然你們已經有那麼令人興奮的退休規劃，只為了每個月多領幾千塊而延後退休時間完全沒有必要，甚至可說是一種浪費，該放就放，海闊天空，黃金人生就在前方不遠處。

不同人生階段的旅行

一位來自撒哈拉的旅客，初次在外地見到瀑布，久
久不肯離去，導遊問他等什麼？旅客回：等它停止
流動！

最近看了一本書開宗明義就說「旅行已死」，一
八四一年被湯瑪斯庫克（Thomas Cook，旅行社發明
者）在英國組織的一趟火車之旅殺死了！庫克為這趟
行程注入前所未有的四個元素：速度、舒適、便利、
旅行團，從而大幅阻隔旅人和所到地之間的接觸溝
通。書中把這種新型態旅行稱作：觀光！

作者認為旅行和觀光的差異不是哪個比較好，而
是結果大不相同的兩種體驗：觀光是「逃離」，旅行
則是「抵達」；觀光是消遣遊覽，旅行是認識理解；
觀光客被當地人帶著跑，旅人則想認識當地人；觀

光客盡情享樂，旅人改變人生，旅程歸來成了另一個人。

旅行是兩種旅程合而為一，一是增加對陌生地了解的外在旅程，一是增加對家鄉和自身了解的內在旅程。例如，一位來自撒哈拉的旅客，初次在外地見到瀑布，久久不肯離去，導遊問他等什麼？旅客回：「等它停止流動！」如此體驗讓旅者不只「認識」陌生瀑布，也「認知」熟悉沙漠，以及不同環境形成的生活差異。

以上，恰恰描述了我從人生上半場到下半場的轉變，旅行對我來說，也從過去上車睡覺、下車拍照式的觀光，轉變成每到一地，租住民宿、騎腳踏車、上市場買菜、看本地電視、聽居民聊天，用他們的眼光看事物等，我把它稱為**「換個地方過日子」**的旅行方式。

　　這種方式在過去一段時間有了重大轉變，主因是眼疾以及因此引發的身心不適，讓我理解以前認為只要經濟許可就可達到的狀態其實並不必然如此，其他客觀條件還包括身體健康和一顆樂於體驗陌生的心，而這些都不是能被人完全掌控的。

　　當健康出問題時，我曾嘗試勉強維持作息，以為只要小心一點應可照常旅行，一段時間後發現即使克服得了身體障礙，心理障礙更難跨越。原來身心相互影響，缺少動力，做任何事都提不起勁，老婆形容當時的我是「一個熱愛旅行的人，因疾病失去了探索世界的興趣」。

　　過去幾個月，隨病況逐漸穩定，我把許多精力放在周遭環境，透過閱讀和觀察，發現這個社會稱得上完全健全的人其實只是相對少數，多數人處在某些身心不適之中，因而難以放開胸懷享受生活。知道這些並不能讓我心裡更好過一些，但可以加深對生命本質

是連串奮鬥的理解。

我還注意到，雖然身處不適，仍有許多人不放棄夢想，努力經營生活，和他們相比，即使我常被人稱讚有勇氣選擇自己的人生道路，卻從未經歷過這方面真正考驗，實在算不上勇敢！

用減法旅行和生活

最近在我參加的病友群組中讀到一位患者母親的留言：「我的小孩還在念大學，一隻眼睛眼已看不見，另一隻也退化得很快，前陣子同學找她環島，我勸她別去，她說：『我還有一眼可看，難道要等全盲才去看世界？』」

很心酸的對話，卻也很勵志，如今再踏上旅途，我的心態和病前又有不少差異，差異不在旅行方式，而是在如何克服身心挑戰，以實現另一個人生階段的理想。在這個新階段中，我不再用加法，而是用減

法旅行和生活，**遇到障礙面對處理，碰上失去妥協放下，事事惜福，處處感恩！**

唯一能用錢買到更富有的東西，就是旅行

我是一個在能力範圍內盡力做想做的事的人，旅行是我想做的事，而旅行需要錢，所以重要。但重點是夢，錢再重要還是工具，不是夢想本身。

我常旅行，許多人說羨慕，面對讚許恭維，我很感謝，但偶爾也有些酸言酸語，大意是炫富誇耀之類，我則一笑置之。

通常人們認為旅行好，是因為有別於生活，兩者處在對立面，旅行刺激好玩，生活枯燥繁瑣，許多人稱旅行為「出去玩」就是這個道理。但再想想，如果能將日常生活過到不乏味呢？又如果旅行不總是吃喝玩樂加血拚，而是有許多空白無聊的時間呢？這樣還是旅行好，生活不好嗎？

　　真能如此，旅行和生活的界限就被打破了，兩者差別不再是行為，而是心態。旅行帶有更多好奇心和求知欲，生活則較少，如果能平衡，那在家附近公園也可以來一趟有滋有味的旅行，而到遙遠陌生地方旅行也不過是換個地方過生活而已，如何調整心態正是我期望藉由「出去玩」達成的目標。

　　有些人說羨慕我，是因為自認想旅行卻沒錢沒閒，各人狀況不同，遺憾人人有，我當然也有。例如，如果錢更多就可以用更舒適方式到更難到的地方旅行，如果體力更好就可以用更接近背包客的方式更深刻體驗不同文化，但既然做不到，我就選擇用當下能力所及的方式旅行。

　　有意思的是，有幾次我反問對方，如果條件允許，會像我一樣旅行嗎？無一例外，對方總是遲疑一下後回答：可能還是不會吧！凡事都是選擇，有得必有失，旅遊好玩，但長程旅途中避免不了擔心受怕，

累起來像狗，傷病沒健保，還要遠離熟悉，犧牲和親友相處時間，想想還是待在家裡好！

講這些不是要說比上不足，比下有餘這類廢話，而是根本不要比，我知道自己能過眼前生活是福氣，我很珍惜，但同時也很清楚這更是一種選擇，人人都有選擇，別人的經驗參考一下就好，重點是做最適合自己的選擇！

至於旅行和金錢之間的關係……

我不是富人，也不是窮人，是一個在能力範圍內盡力做想做的事的人，旅行是我想做的事，而旅行需要錢，所以重要。但說到底，**重點是夢，錢再重要還是工具，不是夢想本身。**

以郵輪為例，同一趟旅程可能因為許多不同因素造成費用高低差別很大，我參加過很便宜的last minute deal[6]，也參加過同船乘客付的船費比我低不少

6　有些乘客在郵輪出發前最後一刻因故放棄，候補的人可用很低價格參加，也可叫做晚鳥優惠。

的旅程，但我一點都不在乎，因為那是我的夢想，而我的夢想可能是另一個人可有可無的小菜，反之亦然，沒有可比性！

事實是，正是旅行讓我認識到金錢的真正價值，一方面要把錢花在刀口，才能圓最多的夢。另方面我學會旅途中在環保、公益、服務等事物上要盡量慷慨大方，因為花在這方面的錢通常會以正向循環方式回饋自己，或起碼讓自我感覺良好，這些都是錢無法買到的。

我知道不少愛旅行的人，如果眼前能力不足就盡量努力，為圓夢做準備，但也見過更多人，錢不是問題，卻為了各種其他因素不停延後，甚至放棄旅行計畫。其實旅行不只要錢，還要健康的身體和心態，不同身心狀況的人從同樣旅程中獲得的東西大大不同，金錢無法衡量區別。

有句話說「唯一一件能用錢買到令人更富有的東

西，就是旅行」，如果你也相信這句話，我建議你做完該做功課後就別再想東想西，時間不等人，勇敢出發吧！至於我，還是會很樂意與人談論包括錢在內的各種圓夢計畫，但如果牽扯到炫耀，無意義比較，那就不用了！

　　人過中年，對旅行的看法應該有所轉變，哲學家培根說過一句話：「旅行，年輕時是教育，年長後是經歷」，我把它改成：「**旅行，年輕時是消費娛樂，年長後是日常生活！**」

人生下半場仍要莫忘初衷

別在乎別人看你的眼光，因為根本沒人在看你。

有次連續三天三場北、中、南的退休講座，遇見不少自認人在江湖、身不由己的朋友，也透過問答認知到一些關於退休的憂慮和迷思。兩位朋友的提問令我印象最深，一位是和我年齡相仿的歐吉桑……

歐吉桑：提早退休，有錢賺不賺，損失太大了吧！

我：有得就有失，有失才有得，你看的是少賺的錢，我看的是多賺的人生。如何選擇和人生階段及價值觀有關，沒有對錯，但必須發自內心，不要看別人怎麼想怎麼做，就跟著怎麼想怎麼做。

歐吉桑：可是人總會互相比較啊！

我：別比！

歐吉桑：太難了吧，同學會怎麼辦？

我：大不了不去。

歐吉桑：對哦，也可以不去。

我：人生上半場確實有躲不掉的競爭壓力，下半場還要比就真的沒必要了，因為不管比輸比贏日子都是自己在過。不久前聽網友說過一句很有道理的話：**「別在乎別人看你的眼光，因為根本沒人在看你」**。其實這點也和錢一樣，是一種選擇，你要比就比，只是不爽的時候不要怪別人！

另一位提問者是三十多歲的金融業OL……

OL：你為什麼要離開企業界，轉行當一個街頭藝人？

我：我沒有要當街頭藝人啊！

OL：咦，你不是高雄市街頭藝人嗎？

我：我是，但離開職場想做的是彈吉他唱歌，沒有預設目標，如果一不小心成了另一個周杰倫，那很cool，如果天分只夠成為一個街頭藝人，那也很好；現在因為眼疾不適合上街賣藝，那就在家裡彈彈唱唱，無論如何都是做喜歡做的事，怎樣都很棒啊！

OL：你現在也算是個名嘴演講咖了，平均一個月講幾次？收入不錯吧？

我：我從不覺得自己是個演講咖。

OL：可是你不是常到處演講嗎？

我：我演講是因為有人找我講，找我是因為我出書，出書是因為我寫東西，寫東西才是我想做的事，而不是出書或演講。當然與人分享很棒，有錢賺更棒，但那些都是附帶的，做喜歡的事才是重點。名嘴必須常上節目或出席活動，我一半時間在旅行怎麼當名嘴？

　　以上對話聽起來有點像繞口令，想說的是，人生上半場凡事功利導向無可厚非，來到下半場，自我實現最重要，旅行是為擴展視野，不是插旗打卡；畫畫是為創作，不是開畫展，自我實現過程中有功利回報很棒，但不是出發點，總歸一句話：莫忘初衷！

　　談話過程中，我怎麼感覺OL看我的眼神從一開始充滿崇拜，逐漸變得困惑，後來像看大型垃圾一樣⋯⋯

明白動機和目標，並堅持下去

　　之前連續出了幾本書之後，過去幾年沒有再繼續出，媒體邀約自然變少，加上街頭藝人演出停止，在一趟大旅行結束回臺後，原本忙碌的日子突然安靜下來，行事曆上出現許久不見的大片空白。一開始有點不習慣，幾天後反倒有一股許久未有的踏實輕鬆感。

　　原因在於我自問：不出書、不上媒體、不去街頭

表演，要做什麼？答案很簡單：繼續寫、繼續唱、繼續彈，那些本來就是我愛做、會做的事，為什麼要因為外界改變而改變自己？難得有此空檔提醒自己莫忘初衷，一切豁然開朗，天下本無事，庸人自擾之而已。

我想我以後還會有再出書、演講、上媒體、演唱的可能，但無論做什麼或不做什麼，重點是搞清楚動機和目標，並堅持下去。人到中年如果沒有選擇自由令人遺憾，但如果有自由，卻還把時間精力浪費在外界眼光當中，豈不更加遺憾？

▼ 讀者來函

　　我在書店等待朋友時無意間翻閱您的新書《45歲退休，你準備好了？》，當時因趕時間只看一小部分即匆忙離開，回到家後有點兒後悔沒有買下，隔日立即到書店完成這件事，平易近人又真誠的言語令我忍不住在書店當下即刻閱畢，但看完的當下，心情卻頓感沉重，因您的建議及想法，距離目前我已實踐的程度著實仍有頗長的距離。

　　我瞭解每人的能力天分不盡相同，但仍禁不住更加緊張，我要如何繼續把握現有的機會，享受現有的工作及生活。我即將三十七歲，尚未累積足夠的經濟力購房產，也仍處於單身狀態。謝謝你的書，雖然現在我更焦慮了，但正面的想，我更清楚自己的不足所在，焦慮之後，得繼續找出解決問題的方法才行。

WP

↑ 老黑回覆

　　認知自己的不足和有急迫感是非常正面的現象，訂出目標，一步步靠近，就算不能四十五歲退休又何妨？我在你的年紀成熟度比你差多了，別急，慢慢來，你會成功的，這不是客套話！

閱讀能建立自主的精神世界

網路無法取代看書，Google可以提供問題的答案，
卻無法替代人的思考。

不管年輕還是年老，退休前還退休後，要過快樂
生活就必須要做的事情之一是：看書！

社會閱讀風氣每況愈下，隨著網路鋪天蓋地，書
店、出版社一家家關門倒店，以前在公共場合常見人
看書，現在幾乎全被手機取代。不信下次試試在捷運
上拿本書出來讀，很可能被人當成「上古神獸」用手
機偷拍下來。

在談現在人們為什麼不看書前，先來談談人們為
什麼要看書……

看書最大好處是建立「獨立自主的精神世界」，
沒有獨立思考習性的人一樣可以過日子，一樣可以忙

忙碌碌度過一生，卻無法實現自我，即使夠努力，運氣也夠好，在通過馬斯洛需求層次的生理、安全、社會、尊重等重重關卡後，卻在最後的自我實現之前被拒於門外，原因是沒有發揮出生而為人的全部潛力。

看書可以讓人思考，這也是看書和上網最大區別，關掉網路就和內容隔絕，闔上書本還可以繼續思考情節。網路中有很多知識，**但知識不是智慧，智慧是知識經過思考消化後的結果**，書促進思考，但看一兩本沒用，要大量閱讀，大量思考，才能把死知識變成活智慧，智慧讓人認識世界，認識自己，進而學習成長，發揮潛能。

什麼是好書，值得讀的書？凡是能促進思考的書都是好書，主題不是重點，挑自己有興趣的讀，不需要死磕大家認為的經典；反之，只提供在網上也找得到信息的書，就不算一本好書，或值得讀的書。

看書也是最方便，CP值最高的娛樂方式，幾乎

任何時間地點都可以看書，而且成本低廉，幾百塊臺幣就可擁有古今中外的名人傳記、藝術科學、旅行財經等各種最新信息。如果還嫌貴，也可以買二手書或去圖書館借書，一本新書價和一場兩個鐘頭的電影差不多，而讀一本書的時間甚至可長達一兩個月，還可以反覆讀。

看書還是「無聊」的死對頭。以我喜愛的郵輪旅行為例，常聽人說坐郵輪很無聊，空閒時間太多，但如果愛看書要怎樣無聊？或許有人會說滑手機、追劇、打怪也不無聊，而且費用也不高，但那些事做久容易產生負面情緒，感覺浪費時間，看書不會，書看得越多只會感覺越充實，自我感覺越良好。

世界就像一本書

和看書最接近的活動其實不是上網，或看電視電影，而是旅行！有句話說「世界就像一本書，不旅行

的人只看其中一頁」。旅行和閱讀的共通點是透過認識外界來認識自己。有人會問認識那麼多與己無關的人事物要幹嘛？答案是認識那些才能知道自己安身立命之所在，從哪來？要往哪去。此外，兩者都很好玩，充滿樂趣。

有這麼多好處為什麼現代人不看書？最常聽到的兩個原因之一是：網路更方便！前面說過網路無法取代看書，Google可以提供問題的答案，卻無法替代人的思考。另一個原因更有意思：不考試為何要看書？長年升學主義把看書和考試劃上等號，離開校園就代表和書本說拜拜，標準本末倒置。

讀書和不讀書的區別在哪？愛讀書的人謙和，因為從書中學到世界很大，知識無涯，不讀書的人容易自大或自卑；愛讀書的人平等，因為從書中學到每個人都有值得學習或警惕的地方，不讀書的人看高不看低；愛讀書的人幽默豁達，因為從書中學到不要太把

自己當回事，不讀書的人戲謔搞笑。

愛讀書的人言之有物，接觸相處如沐春風，不讀書的人缺乏自信，言行舉止過與不及；愛讀書的人沉穩自持，慈眉善目，不讀書的人言辭和表達方式極盡誇張能事，古人說「三日不讀書，言語無味，面目可憎」，一語道破！

之前說生活只要把金錢、健康、職志搞定就好，那閱讀和這三件事有何關係？閱讀不能直接生財，但能傳遞理財知識，培養正確金錢觀；閱讀也不會直接讓人變得更健壯，但能教導健康知識，鍛鍊心靈肌肉；閱讀和職志更是關係密切，任何一門科學、藝術、技藝，都需經由書本學習成長。

別再說太忙沒時間看書，也別再說無聊要找點事來做，找一本書，不，找十本，一百本書來看。書永遠不嫌多，不好看跳過，好看一頭栽進去，不出多久，世界變大、口才變好，連外表都變好了！

好好面對新身分的焦慮

> 人人賦予他人身分標籤的結果，就是人人都為自己
> 在別人眼中身分定位不斷奮鬥，因而產生焦慮。

四十五歲那年，剛離開職場不久，有回參加前同事結婚喜宴，席間遇見生人，熱心的同事向對方介紹我時說：Roy曾經是××公司總經理、××公司的Chairman，當對方客氣反問「那請問現在哪高就」時，我趕緊插入以免介紹人尷尬，我說：「我退休了！」接下來就是一陣沉默。

這不是我第一次碰見這種沉默，與人初次見面，多說幾句話，免不了得自亮家門，曾經嘗試「糊弄」（卻不失誠實）的說「我是寫部落格的或彈吉他的」，卻顯得很沒誠意。

後來發覺要不就「糊弄」到底什麼都不說，要不

乾脆老實承認退休，對方雖然疑惑卻不知該如何往下問（於是沉默），即使問了，我也不再費口舌澄清自己：一沒重大疾病，二沒貪污錢財，這兩點都是回應我老丈人「善意而直率」的詢問，相信有此想法但沒說出口的人應該不少。

離開職場以來，深切感受我們是如此理所當然的將每個人，按從事行業與職位，賦予一個身分，碰上不熟的人先得搞清楚他是白領還是藍領、職員或是老闆，較熟的就更需要知道職位高低、影響範圍，甚至可能的話，收入多少、住什麼房、開什麼車等。

身分一旦確立，才知道該用什麼方式與他接觸交往，至於此人平日生活是樂善好施還是愛打老婆，內心嚮往的是世界太平還是男盜女娼，通常因為沒有利害關係或興趣不高所以所知不多。

英國人Alain De Bolton寫了本書名為《身分的焦慮》，描述現代人生活不快樂的主因是因為人是社會

動物，溫飽之外需要來自外界的尊重和崇拜，別人對自己視而不見最傷自尊，而**人人賦予他人身分標籤的結果，就是人人都為自己在別人眼中的身分定位不斷奮鬥，因而產生焦慮。**

弔詭的是，人奮鬥的目標並不是由自己，而是攀比的群體決定，原因是人所追求的，與其說是某種程度的財富地位，其實更是他人的肯定和尊重。譬如，努力工作獲得加薪令人高興，但如果加薪幅度比團隊中其他成員低，加薪反成一件令人失望沮喪的事。

重新思考不同的價值觀

同樣道理，經濟景氣，對整體社會財富增加當然是好事一件，生活其中的人卻因此必須不斷挑戰更高目標，即使幸運飛上枝頭成鳳凰，卻發現枝頭上到處是鳳凰，焦慮不但沒減少，一不小心還會掉落地面。

追求身分地位也不全一無是處，它能激發我們

的才能和潛力，但太多或盲目追求禍害無窮。作者提出幾種化解身分焦慮的方法，包括尋求宗教和哲學慰藉，但對我來說，更加受用的是書中建議的另兩件事：一是旅行，二是藝術。

面對浩瀚自然，我們可以選擇到此一遊，拍拍屁股回家繼續鬥爭，也可以選擇靜靜坐下，思考個人渺小，然後回家不再計較雞毛蒜皮。接觸不同人群，我們可以選擇吃完名產揮揮手不帶走一片雲彩，也可以選擇思索不同人事物代表的不同價值觀，做為調整改變生活方式的借鏡。

所有藝術型態都有一共同點：平等；藝術作品不會因為作者的地位高低而影響品質好壞。親自動手能將藝術樂趣帶到另一境界，全身心投入創作的過程，不但使人暫時忘記身分焦慮，也提醒我們無須受這種焦慮過度影響，因為生活中有更重要和有趣的事。

退休前的同事和朋友，有些因為我失去工作光環

而自動消失，其他也大多因為生活形態差異而漸行漸遠。現在的身分令我既輕鬆也有些遺憾，但比較起過真正想過的生活，社交圈縮小的遺憾顯得微不足道，也讓我更能體會老時仍會至病榻探病的才是真友誼。

　　我想在我變老之前，一定還會遇上陌生人沉默的尷尬，現在的我已不再被它困擾，甚至還有點自得其樂。離開職場生活有了新追求，也因此有了新身分，有些身分被人恭維（作家），有些令人發笑（街頭藝人），但無論他人反應如何，有一件事可以確定：我再也不會像以前一樣允許被外界眼光牽著生活走。

　　這不代表我從此不會再被身分的焦慮困擾，艾倫·狄波頓（De Bolton，英國作家）說得好：理解這種焦慮就像氣象預報與暴風雨間的關係，你無法阻止暴風雨的到來，卻可因理解而將損害降到最低！

↓ 讀者來函

前天颱風夜，一口氣拜讀完了您所寫的《45歲退休，你準備好了》，非常驚訝，原來我心裡這幾年的掙扎，竟然有人十多年前就經歷過，而且採取行動了!

我今年四十三歲，×大畢業，××碩士，在金融保險業有十五年以上的經驗，老闆們都很器重我，我三十五歲就當上協理。

看似人生勝利組，但是我並不快樂。三十五歲以前拚事業的心，在結婚生女後，變得很疲乏，工作只是一個金手銬，我每天都像在坐牢的感覺。

我的大學或高中同學很多都是副總、Director了，我知道如果我想，有天我也可以做到企業高位，但那不是我要的人生!我想要發揮我的恩賜，幫助別人，特別是年青人及早認識他們自己的命定，忠於自

己。只是我也常懷疑自己，為什麼我就不能像我的同學們一樣，在職場忍耐著呢？

最近一年我終於想開了，每個人的路不一樣，既然我已覺察現在社會的功利主義／資本主義／消費主義，只是一個溫水煮青蛙的牢籠，我應該勇敢走出來。

就在這個時候，非常巧的看到您的書／觀念／經歷！原來，不是只有我有這樣的想法！因此，冒昧寫這封信給您，向您致謝！！

另外，我有個問題請教您。我現在已經得到另一半的支持，預計明年年初就離開企業界，做個自由業者。但我最不知道，是怎麼跟我父親說這件事。我的父親是企業高階經理人退休，他可能不能理解：你這麼好的學經歷卻選擇逃避離開？請問您有甚麼建議，讓我可以得到父親的支持呢？

VC

↑ 老黑回覆

謝謝感言，想想這本書出版時你三十六歲，一定不會看它，七年後你找到它（或它找到你），你讀了它並受影響，真奇妙，也讓身為作者的我倍感值得！

是的，你的敘述明確說明你已準備好展開新的人生道路，和多數有類似想法的人相較，你有兩個強處，1.知道離開企業後想做什麼（即使只是個大方向，已經很棒了），2.你得到最重要的人：老公的支持。

至於你父親可能的質疑，如我是你，不會太放在心上，父母總希望子女幸福快樂，只要你日子過得好，相信他自然會慢慢接受，即使不行，你不是小孩了，知道自己人生要／不要什麼，你們也不住在一起，就把「耳邊風」功夫練好，和平共處吧！

「二月天」實現我的音樂夢

有次一位中年男子對我說「聽了你的歌晚上很好
睡」，這大概是我整個「演藝生涯」中聽過最棒的
一句評語。

旅行時經常可見到外國藝人，在優美環境中將音
樂和表演相結合，無距離的與圍觀群眾分享同樂，氣
氛輕鬆溫馨。當年搬到高雄，偶爾路過愛河，觸景生
情，想當街頭藝人的念頭油然而生……

愛河從五福路到中正路之間河畔是我最喜歡的高
雄市區景象，剛搬來時見景大感驚艷，印象中多個西
方著名河畔景緻，如巴黎塞納河、倫敦泰晤士河不過
如此。尤其河西，靠五福路那段是我的最愛，附近有
一兩家小餐廳，但不像河東商業密集，又沒有近中正
路遊船攬客的喧鬧。

　　每到入夜，河岸邊燈火漸明，河上飄來縷縷海風，三五行人漫步其間，感覺舒服極了。當時我就想，如果老家臺北也有這樣一個燈光好、氣氛佳的場所，肯定會成為人們聚會消費的熱門地點，自然也就難保寧靜。不知該說高雄運氣好還是不好，美麗之外，因為商業較不發達，還能保有一份安靜祥和。

　　正因如此，還在準備考街頭藝人時我就打定主意，有機會一定要在這裡設攤表演，後來也確實如願，考上執照後我立刻跑去和河邊一家露天餐廳談合作，店家提供電源和場地，我則藉表演幫店家帶來生意，互惠互利，每周一次。

　　河邊的街頭藝人不少，但大都來來去去，很少有人待到一年以上，而我一唱就是三年多，連合作餐廳老闆都換了好幾個，我始終都在。期間有同行告訴我別的地方人潮更多更好賺，我總是敬謝不敏，老婆說我已快變成愛河畔地標，高雄市觀光指南應該把老黑

之歌列入推薦打卡行程。

　　幾年來愛河改變不少，不變的是美麗與祥和，只要不旅行不下雨，我每周五晚面對粼粼河水哼唱兩三個鐘頭，不管聽眾人數多少，打賞金額高低，結束時總有一種愉悅感。相信這種感受也多少感染聽眾，有次一位中年男子對我說「聽了你的歌晚上很好睡」，這大概是我整個「演藝生涯」中聽過最棒的一句評語。

自我實現遇到阻礙仍要嘗試

　　因為眼疾，老黑之歌不得不停止，但不去愛河表演不代表就此放棄喜愛的吉他彈唱，我找上阿丁，他是我大學同班同學，我倆唸書時都愛彈彈唱唱，他吉他彈得比我好，我比他愛唱，自然常湊在一起玩音樂，可惜他休學後各奔前程，很少聯繫。

　　二〇一三我考上街頭藝人執照，正為第一次演出

緊張到胃痛，突然想起當年夥伴，打電話給他，還在職場忙碌打拚的阿丁二話不說搭車南下，在我的處女秀上拔刀相助，相隔三十五年，技藝或許稍有生疏，但度過一個愉快夜晚，最重要的是年輕歲月重新再現！

自此阿丁勤練吉他，我則透過街頭賣藝熟悉各種歌曲，我倆使用電腦影音科技，南北兩地一彈一唱，隔空完成多首歌曲錄製，並隨技巧逐漸純熟，內容從簡單錄音逐漸加入各種影音效果，雖然談不上專業，但每個小小進步都令兩個歐吉桑樂此不疲。

介紹一下，除了大學同窗，阿丁和我也是高中校友，天團五月天碰巧是我倆的五位學弟，我們或許無法像學弟那樣大紅大紫，但青春不再的「二月天」，現在每隔一段時間隆重發行一首單曲，展望未來，還將在音樂路上走上很長一段時間！

想說的是，許多人說不知職志為何，或知道卻不

知如何執行，答案很簡單：堅持做喜歡做的事就對了！只要是職志就一定會用樂趣和意義源源回報。至於執行，路是人走出來的，能走一直走，走不通換條路走，自我實現道路上，如果不嘗試到處充滿艱難險阻，只要願意嘗試，條條大路通羅馬！

運動治百病，包括眼疾

天只助自助者，平日的飲食、運動、生活習慣、心態，別說醫師，除了自己，神也幫不了你！

驅使我在十幾年前離開職場的原因之一是「身體健康」，別誤會，我沒什麼嚴重疾病，但年過四十工作忙碌，生活習慣不良，髮動齒搖，小腹突出，三高指數拉警報。退下來後，我把抽了近三十年的香菸戒掉，開始規律運動，健康情形很快好轉，也促成接下來FIRE後的精采生活。

但情況在過去兩三年有所改變，原以為仗著經常運動身體不會出問題，卻由於平時吃多、喝多、用3C多，造成胃潰瘍、痛風、慢性疲勞、體重超標、血壓血脂偏高，視力下降等毛病，並且養成身體不舒服就吃藥的習性。

　　原以為不過是自然老化，只要不太嚴重就不以為意，一直到前陣子被確診患有青光眼（會導致失明的眼疾）才發覺大事不妙，原來運動固然重要，但同樣重要的還包括飲食和生活習慣，並理解到老化不必然等於生病的道理。

　　至此，我知道該是繼十幾年前再次大幅改變生活習慣的時候了。眼疾部分，雖然多數青光眼患者靠點眼藥水控制病情，我在醫生同意下，決定採取更積極的手術治療，但同時也明白手術只能治標，眼睛跟所有器官一樣，是身體一部分，要根本解決，必須全面提升體質。

　　飲食部分，我強迫自己不再像以前那樣餐餐吃撐喝飽，而是稍有飽意就離開餐桌，食物內容也比過去挑剔不少，澱粉類能少就少，蔬果多多益善，加工和垃圾食品盡量不吃，其他隨意。我平日無酒不歡，以前什麼酒都喝，現在限制自己不碰烈酒，只喝啤酒和

葡萄酒，且以小酌為主。如此不算激烈的調整倒也不太難。

生活方面最大改變是減少使用3C，我的眼科醫師說3C是外星人發明用來毀滅地球的陰謀，雖是玩笑但不無道理。想想看，3C傷眼人盡皆知，但人們使用時間只是不斷增加，使用時機更是到無孔不入境界，我好幾次走在街上差點被低頭族直接撞上。明知是魔鬼卻無法自拔的擁抱，地球人因此視力大崩壞，不是陰謀是什麼？

其他例如不熬夜、不久坐，多走出戶外曬太陽，這些過去都做得不錯，繼續保持。最大王牌還是運動，簡直是萬靈丹，有病治病，沒病健身兼美容。我原以為眼睛和運動無關，後來才知道缺乏運動也是病因之一，而且多數人認為治眼睛要點眼藥水，吃營養品，但你可知比那些都更有效的是什麼？有氧運動！

另外，我還嚴格執行幾個月的「生酮飲食」，也

就是全面斷絕碳水化合物，大量增加油脂攝取，原本目的是改善視神經，結果這部分是否達標不確定，體重卻因此下降不少，樂得我跑去賣場把褲子全部換小兩碼，其他像打呼、胃食道逆流等小毛病也順帶得到改善，甚至連運動時體力都變好一些。

但我不會推薦想減肥的人直接仿效跟進，各人身體狀況不同，如果有心嘗試，不要道聽塗說，到處問人，也不要相信媒體片段訊息，而是要在大量收集吸收相關資訊（我看了六本書）後，做最適合自己的判斷，過程中不斷調整和監測，如果不合適不要勉強堅持。

以上這段和眼疾對抗的經歷讓我學到幾件事：

- **人的身體真的很奇妙，你對它好它就對你好，你對它不好它記得比誰都清楚**，不是不報，時辰未到，千萬不要心存僥倖。
- 「紀律性」在追求健康過程中同樣至關重要。

認識正確健康知識，堅持做下去，效果必會顯現。

- 以前我總認為健康出狀況就交給醫生，經過這次我理解有病當然要投醫，但人還是要做自己身體主人，**天只助自助者，平日的飲食，運動，生活習慣，心態，別說醫師，除了自己，神也幫不了你！**

講那麼多其實我的眼睛並沒有康復，它不會康復，因為和許多慢性病一樣，是不可逆的疾病，但相較於剛被確診時的沮喪絕望，我現在心中充滿鬥志，經此一役，我決心靠自己努力，再度過人生下一個精采健康的十年、二十年、三十年……。

↓ 讀者來函

I bought your book last night at Popular Book Store in Singapore, started & could not stop reading at 10pm and finished at 5:20pm today.

I can read Mandarin but is better in writing English.

Thank you for providing me such a great info about retirement at 45.

I need your guidance/advice on my situation as info below:

1.I am 43 years old, General Manager of a SME.

2.Wife is a full time homemaker.

3.Married with 3 kids(12, 10 & 8 years old)

4.Still have outstanding housing loan of about 11 years.

If I want to retire at 45 years old which is 2 years from now,what would you advise?

XL

↑ 老黑回覆

Nice to hear from friends in Singapore.

45 is no magic number, point is start living your own life at earliest possible time.

Financially, I would pay up housing loan first (yes, in one go), and still have enough saving to support family for at least a few years.

If this is too much to ask, could also consider take a big leave or working part-time.

Make every effort to give yourself a chance to step away from present situation, and work through what you want to do with rest of your life.

坦然面對心靈感冒

憂鬱就像人生道路上一頭紙老虎，你怕它、它把你一口吃掉，你不怕它，一腳踹開就好！

伴隨青光眼而來的，是完全沒有預警的憂鬱症，在被確診並了解這種眼睛疾病的威力後，我的心情自然不好，但不像以前碰到困難麻煩，想好對策，努力執行，心情通常慢慢恢復正常，這回似乎只是不斷往下，即使動完手術也不見好轉。

那段時間我吃不下、睡不著，做任何事都提不起勁，不，應該說根本不想做任何事，或去任何地方，見任何人。時間很難熬，每天從早上起床就開始數時間，用「生不如死」形容可能有人覺得太過，事實是：不誇張，就是這樣！老婆因有失眠問題平時有在吃藥，強烈建議我去看身心科。

慎重起見，我去了兩家不同診所，經歷大致相同，原以為醫師會仔細聆聽並分析病因，結果他們更感興趣的是症狀，聽完後立即開藥，我有點失望，離開時看著候診室坐滿的人，心想不知是否和沒時間照護個別病患有關。

我決定自力救濟，上圖書館搬回所有相關書籍，上網找尋所有相關資訊，仔細閱讀後才有較完整認識。原來這種心理疾病存在已久，現代人壽命大幅提高，社會速度、壓力大幅增長，身體調適趕不上環境變化，因而好發。以前的小毛病，現在很容易經由打亂內分泌和免疫系統，發展成影響生活品質，甚至危害生命的大疾病。

憂鬱也是老年失智必然的現象之一，憂鬱症是否導致失智，醫學上還沒有定論，但兩者間有密切關係毋庸置疑，如果得憂鬱症不適當治療處理，日後患失智症的機會大幅增加，想想憂鬱已經夠慘，再加上失

智叫人如何活？

有一本書開宗明義就說當今世界最大疾病威脅，不是排死亡原因前列的癌症，心臟病、肺炎，或高血壓、糖尿病等慢性病，而是心理疾病，因為它既是包括上述各種生理病的主要病源，對治療生理病的效果也有決定性影響。

什麼人會得心理病？任何人！這也是憂鬱症常被忽視的原因，因為每個人都有心情鬱卒的時候，就像人都會感冒，忍忍就過了，因此憂鬱症也有「心靈感冒」之說，但就像小感冒不治療有可能轉變成大疾病，不理會心情不爽也可能演變成大麻煩。

事實是，現今患有大小程度不一憂鬱症的人數高得驚人，滿街身心科診所裡的滿滿病患只能算冰山一角，因為他們起碼還認知到問題，**專家說有心理疾病但不自知，不就診的人數遠超出面對現實的人**。社會新聞中不斷出現大至殺人放火，小到言行怪異的人，

大都是沒有接受治療的心理疾病患者。

有些患者拚命吞藥，吃出一堆副作用病情卻未好轉，這些人起碼還相信科學，另有不少人走偏門，加入一些假借宗教為名的團體，尋求另類幫助，社會上時不時破獲這類騙財騙色怪力亂神集團。我原來還覺得奇怪怎會有人信，等自己得了憂鬱症才發現，需要幫助，卻病急亂投醫的人何其之多！

難怪醫師懶得聽病因，倒不是病患太多沒時間聽，而是誘發憂鬱症的原因太多，可能是親人變故、投資失敗、意外傷害、工作不順、感情不睦，或像我這樣受疾病影響，也有可能純粹只是生理失調，醫師能做的是對症下藥，改善體內的化學分泌而已，化解源頭還得靠個人。

飲食、運動、作息，可以經由個人努力得到改善，環境卻不能說改就改。心理學家建議培養認知自己情緒變化的能力，環境是溫水，人就是青蛙，沒感

覺到熱不代表沒事，一不小心隨時沸騰爆開，面對憤怒、焦慮、嫉妒、憂鬱等情緒，提醒自己注意，即使不能完全克制，起碼減少衝擊，再配合藥物治療，症狀才能慢慢緩解。

當我對外人說我罹患憂鬱症時，經常碰上的反應是：你是樂活家耶，哪有可能！事實是，我就是得了，沒必要隱瞞或感覺羞愧，治療一年多後現已停止用藥，回想最嚴重時仍心有餘悸，但也慶幸曾走過這麼一遭，讓我更認識自己的身體和心理，也更有信心面對未來挑戰。

憂鬱症就是心靈感冒，可能發生在包括你我在內的任何人身上，隨時隨地可發，發過還可能再發，但只要坦然面對，妥善處理，多數人都可康復。重點正在於「面對」和「處理」，不要躲避、忌諱，也不要不信邪、輕視，它就像人生道路上一頭紙老虎，你怕它，它把你一口吃掉，你不怕它，一腳踹開就好！

想凍齡先從培養自信開始

與其形容外表「看起來年輕」，說的更是一種心
態、一種氣質。

常聽人說某人看起來比實際年齡年輕，我覺得那
只是一種說法，而不是真正所謂的「凍齡」。比方
說，同樣五十歲，有容光煥發的五十，有疲倦暗沉的
五十，有結實精瘦的五十，也有臃腫大肚的五十，但
都還是五十。至於那些即使笑起來也毫無皺紋，光滑
粉嫩的五十歲呢？那就是美容整型過的五十，歹勢，
還是五十！

與其形容外表，「看起來年輕」說的更是一種心
態，一種氣質。榮總高齡中心主任陳亮恭寫過一篇文
章，標題是〈面由心生，年輕來自自信〉，講的就是
這個。

文章中說，自我感覺良好（年輕），看在他人眼裡就真的良好（年輕）。醫學證明，有自信的人健康程度還真的比一般人好，原因是心理韌性和自我掌控能力較強，比較能因應環境或健康上的挑戰。反之，有些明明歲數不算太大，但卻老態龍鍾，總是唉聲嘆氣覺得自己很老的人，看起來也真的比實際年齡老些。

自信來自哪裡？金錢、健康、職志（很熟悉吧）！窮人很難有自信，有錢人如果欲求不斷，也沒有自信，感覺自己錢夠用的人最輕鬆，最有自信；不健康的人生活限制多，很難有自信，健康的人由內而外充滿朝氣，自己感覺舒服，他人欣賞讚許，自信油然而生。

可能影響最大的是職志，從事職志的人熱愛生活，永遠嫌時間不夠用，沒有多餘精神在意和實現自我不相干的事物，學習成長帶來滿足喜悅，想不自我

感覺良好也難。反之,生活缺乏成長重心的人,心情隨外界改變而改變,經常攀比的結果是向下比感覺良好,一旦避免不了的向上比,自信心必受打擊。

有自信的人比較自我,自我不是孤傲,是獨立、不依賴。不依賴讓自己和他人都更輕鬆,更容易交朋友,因此有自信的人雖然不一定熱衷社交,卻不缺朋友。反之,沒自信的人害怕孤獨,經常需要抱團取暖,看似交友廣闊,但當碰上困難挑戰,本身抵抗力較弱,也不容易得到真正友情滋潤。

有自信的人舉手投足氣定神閒,穿著打扮不隨社會潮流,不刻意裝扮即可穿出自我,身上充滿正能量看起來舒服,看得舒服自然顯年輕。反之,不管實際年齡或健康狀況,缺乏自信就會處處自限,舉手投足不落落大方,穿著打扮只願意隨大潮,結果就是被大潮掩蓋淹沒。

村上春樹說:「人不是因為一年過一年而變老,

是在一夜之間變老的。」這一夜之間發生了某件事，可能是投資失敗，或失去至親好友，或確診重大疾病，以致自信心突然被打垮。人們常說看起來年輕的人好命，事實可能完全相反，是不被壞命運打垮的人韌性強，有自信，因此顯得年輕。

所謂相由心生，境隨心轉，想看起來年輕嗎？不要再在裝點門面上下功夫，也不要再相信凍齡神話，運動健身雖然大有幫助，但更重要的，是充實自己、從事職志，活出自我、生出自信，人生因此永遠……你說幾歲就幾歲！

↓ 讀者來函

其實幾年前，我就把你的大作《45歲退休，你準備好了嗎？》一字不漏地看完了，所以，經由你的簡歷介紹，我應該是小你兩屆的師大附中學弟；搞不好還在球場上交過手。

其實你書中的很多話，都與我心有戚戚。七八年前也很想離開天天帶面具上班的金控業；這個行業除了優於市場的薪水，可以讓我養家活口之外，其實與我的內心是背道而馳的。這幾年內心世界的變化，和你書中描述的幾乎相同，讀了之後，也會會心一笑，因為雖然行業不同，但心路歷程是一樣的。

我很多想法和你一樣，也愛打球（但膝蓋已報銷了）、運動、注重健康、愛當獨行背包客、享受獨處的自我對話過程等等。但慚愧的是，我也和你書中提到的香港同事一樣：還在這裡。我可以過簡樸的生

活，也有自我實現的渴望，但還是走不開。經過自省之後，應該還是家庭、孩子的因素。但無論如何，我的動機超級強烈，再過不久，一定會實現的。凡事永不嫌遲，對吧。

Allen

↑ 老黑回覆

你碰到的問題，往好處看，有一堆人跟你一樣，所以不寂寞，壞消息是，不會因為這樣就變得比較不嚴重，畢竟人生是自己的。但同意你一句話，有夢最美，實現夢想永遠不嫌遲，怕只怕沒夢，而沒夢的人還真多！

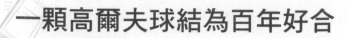一顆高爾夫球結為百年好合

所謂情人眼裡出西施，容顏會變，但只要個性還在，西施就在。

　　老婆是我的前同事，當年她來應徵工作，我是公司人力資源經理，後來有人說我公器私用，我當然嚴正否認，但話講回來，如果說面試時完全沒受影響，那也有點，You Know，不合情理，對吧？

　　事實是，當時我倆各自有男女朋友，一年後，物換星移，才開始背著同事交往，這麼說有點自欺欺人，因為紙包不住火，八卦很快在辦公室傳開，只是面對大家的明知故問，我倆抵死不招而已。

　　當年公司瘋打高爾夫，我倆也趕上流行，某個周末到淡水打球，一不小心我的球擊中站在女生開球檯的她的腦勺，她當場倒地，緊急送醫後診斷為腦震

盪。

　　接下來一段時間常跑醫院，有一回她媽陪她去，在候診室與人聊起此事，對方說一定要要求賠償，她媽說：有啦，對方說會負責，照顧她一輩子啦！多年後丈母娘道出這段往事，我心想還好沒讓她漏氣。

　　過去十幾年我倆成為親密旅友，牽手走過大半個地球，許多人說難能可貴，我才理解和諧婚姻其實並不普遍存在。**有人問相處之道，我說兩件事： 一尊重，二愛慕。**

　　尊重不是客套，是理解即使全天下最親密之人，也是獨立個體，有有別於己的需求和想法；愛慕不是崇拜，是發自內心欣賞對方性格特點，所謂情人眼裡出西施，容顏會變，但只要個性還在，西施就在。

　　有這兩點，關係要壞也難，少這兩點，百年好合很難。

　　可惜，沒把當年打到她的那顆球留下，當成傳家

寶流傳後世，但反正我倆沒小孩，也就罷了！就讓這段一顆高爾夫球引發的轟轟烈烈的愛情、親情、友情，在平平淡淡中成為最美麗回憶吧！

價值觀一致比什麼都重要

在之前的文章中，我說我之所以能成功FIRE，紀律性是主因，但其實還有另一個關鍵，那就是得到另一半的支持，我原來不清楚這件事的重要性，後來見多聽多相關負面案例，才知道多麼難能可貴。所謂兩人同心，其利斷金，反之，破壞力同樣威力驚人。

老婆原本是位職業婦女，生財能力不差，隨著我三次外派（興高采烈地）炒了三個老闆，我工作最後幾年興起FIRE念頭，怕直說把她嚇到，於是每次出差或加班後回家唉聲嘆氣，她聽多大致猜到我的心意，某回我又在抱怨，只見她慢條斯理說：「不想幹別幹，大不了老娘養你！」

那句話我記憶至今，雖然後來沒有真的被她養，但那股強心針的效用超強大，不但讓我少了後顧之憂，更在追求理想道路上勇氣倍增。

但你要說我們是相敬如賓的模範夫妻也實在算不上，我們常吵架，只是吵完能和而已。有人說夫妻之間一定要在各方面門當戶對，才能白頭到老，我倒覺得價值觀一致，對生命有相似追求比什麼都重要。

比方說，我和老婆都愛旅行，於是一起旅行，也都認為運動重要，但她愛上健身房我不愛，於是各「健」各的。同理，我們各看各的書、各交各的朋友，有時甚至各吃各的飯，能重疊就重疊，但不勉強，也都保有各自空間，所謂「有點黏又不會太黏」大概就是這個意思。

專家說退休後夫妻感情只有兩條路可走，原來不錯的會越來越好，原來不大好的會越來越差，我運氣好屬於前者。但如果不幸是後者怎麼辦？以前碰上有

人問，我總是兩手一攤說：Tough，幫不上忙！

年歲漸長，想法有所改變，現在我覺得能調整儘早調整，不要拖到退休後大眼瞪小眼，如果價值觀差異實在太大，那就早點了斷吧，或參考日本「卒婚」模式（熟年夫妻在不離婚前提下，各自生活）。雖然孤單但起碼自由自在，何況，所有人生到頭來都是一個人，就當提早練習，未必不是另一種福氣。

好旅伴是吵完後能重歸於好

人生伴侶就是最佳旅伴的人，是最幸福的人，但好
伴侶不是天上掉下來的，是相互磨合鍛鍊出來的。

常有人問我是否組團或帶團旅行，也有旅行社問
過相關意願，我全都敬謝不敏，原因是我覺得旅行很
個人，自己旅行是一回事，當領隊是另一回，如果我
帶團，很可能不出幾天就被團員嫌到不行。

不但不帶團，也很少跟團，不是因為個性孤僻，
我一向喜歡和朋友共度歡樂時光，但講到旅行，我只
能和願意包容我、我也願意包容的人，一起踏上旅
途。

見過不少好朋友、姊妹淘，甚至家人親戚，在旅
行過程中因為各種原因（有些非常幼稚好笑），反目
成路人，不但糟蹋一段旅行，也毀了一段關係。而要

不吵架也可以，那就得一路小心翼翼、客客氣氣，以致難以專注旅行樂趣。

個人看法是好的旅伴不是不會吵架的人，而是吵完能重歸於好的人。有人好奇我和老婆怎能保持旅途中不吵架，一開始我覺得這問題很奇怪，因為我們從頭吵到尾，只不過吵完還能繼續相互扶持。被問次數多了才知道，並不是很多人有這種福氣。

旅途中我常碰到一些單身旅者，他們通常都是不錯的聊天對象，從交談中得知，雖然也有感覺孤單的時候，但大部分時間他們都很享受一個人自由自在，無須受牽制的旅行方式。

其中女性比例明顯高於男性，但這不代表女生個性較孤僻，反而說明女生比男生更容易交朋友，因此即使單身上路也不會無聊，此外，女生也更懂得面對自我，更能從旅行中獲得樂趣和意義。

有句話說：「絕對不要和不是你真心愛的人一起

旅行。」挑選旅伴不要將就，通常夫妻最合適，因為旅途中難免意見不合，而感情好的夫妻早已習慣如何磨合。

事實是，旅行經常是試煉一對戀人是否適合走向婚姻的好方法，因為旅行就像生活的縮小版，酸甜苦辣各種滋味都有，有些旅伴適合同歡樂，有些適合共患難，有些人你能容忍他的各種不足和缺點，有些人相處幾天後，怎麼看都不順眼。

旅行也是婚後夫妻間重新磨合感情的好媒介，柴米油鹽，教養小孩很容易讓婚姻關係失去原有的光和熱，旅行領人進入陌生，認識新環境同時也重新認識身邊之人，婚後的旅行既可延續婚前甜蜜，也為中老年婚姻關係打下新基礎。

旅行更是退休夫妻犒賞自己年輕辛苦的最佳戰利品。人生大部分責任已盡，無牽無掛和革命夥伴牽手遊山玩水，人生至此，夫復何求？不再只是追求吃喝

玩樂的旅程，也為年老力衰後兩人相互扶持的日子做好準備。

人生伴侶就是最佳旅伴的人，是最幸福的人，但好伴侶不是天上掉下來的，是相互磨合鍛鍊出來的，有收穫回饋就必定有犧牲妥協，沒有同甘共苦就沒有日後回味。

好旅伴更是可遇不可求，如果有幸碰上這樣的人務必珍惜，因為不但可以一起旅行、一起生活、一起成家、一起立業，通常也是一生一世的良師益友。但若實在碰不上怎麼辦？那就學習獨自上路，雖然少了與親密夥伴分享經歷的喜悅，但起碼不會錯失（人生）旅途中的種種精彩！

隨時保持Open Book，
自然擴大朋友圈

沒有自我的人，與人相處通常不出兩個形式：控制
或依賴，兩者都令人難以消受。

長途郵輪客多為西方老人，與他們聊天是很特別
的經驗，因為可以在短時間內得知發生在他們身上，
包括好壞美醜在內的所有人生大事，就像一本本open
book，只要你願意讀，他們都很樂意說給你聽。

我原以為不過是人老了愛談古早往事，次數一多
逐漸理解不是這樣，因為他們並非主動碎碎念，而是
有問才答，並且不只陳述事情，經常還總結成人生教
訓，說自己的同時，也不忘表達對對方的興趣。

旅行結束回到家裡，和熟人聚會聊天，我發現很
難像船上那樣坦白直率，因為首先必須避談政治、宗

教，否則可能引發不快，談家庭、健康，則可能觸人隱私，談生活、旅行，又有炫耀比較之嫌，保險起見，大夥在一起經常只說些不痛不癢的話題。

為什麼和船上素昧平生的人交談可以深入淺出，和認識的人交往卻反而經常禁忌一堆？或許是因為和陌生人沒有利害關係，也不用怕丟面子有關，尤其後者，東方人階級意識根深蒂固，與人相比容易不爽，又無法克制不比，乾脆視而不見，避而不談。

事實是，我們所處的社會是個門面掛帥的社會，人們習慣用名片上的頭銜定義一個人，但一位總經理可能是一個好兒子、好爸爸，熱心公益，喜好藝術；也可能欺上瞞下，不學無術，包養小三，這些更能代表一個人真實性格的行為，名片上完全看不出來。

有人建議退休第二天立刻把通訊錄中和工作相關的人全部刪除，聽起來很戲劇化，但其實差別不大，因為不管刪不刪，退休不出一兩年，原來的革命夥伴

大都鳥獸散，偶爾湊在一起，除了敘舊外常聊不在一起，不是因為人變了，而是時空環境變了，讓人們更看清楚自己和對方的真面目。

少了老朋友當然可以交新朋友，這時人已不在江湖，不需要再把人脈、利害、關係這些東西帶進來，取而代之的是價值觀、興趣、真實，相互學習，自在相處等。如果做不到這些，不用勉強維持表面關係，走開就好，也不用怕變成孤單老人，因為還有其他朋友可交。

個人認為非交不可的朋友只有兩個，一個是另一半，親密夥伴的重要性在空巢期後進入另一個境界，如果感情好，退休生活如魚得水；反之，我認識不少早有條件退休的人，不敢退的原因正是害怕回家大眼瞪小眼，有這方面問題的人要想辦法盡早解決，不要等事到臨頭更痛苦。

另一個甚至比老伴更重要的朋友是：自己！懂得

跟自己交朋友的人永遠不怕孤單寂寞，擁有興趣和屬於自己生活的人，哪來時間孤單寂寞？也不會成為孤單老人，因為不依賴他人更合群，即使到天涯海角，家人朋友都會找上門來。反觀沒有自我的人，與人相處通常不出兩個形式：控制或依賴，兩者都令人難以消受。

人們常說人生下半場一定要刻意經營朋友圈，我同意一半，對於豁達幽默的open book，不管地位高低、年齡老小、結識多年或萍水相逢，相識相交如沐春風，自然想多接觸，而對於心中有各種大糾小結，不能以平常心坦誠相待者，人生短短幾個秋，就不用浪費時間了！

郵輪上遲暮與生死

我們可以用戒慎恐懼，大驚小怪的態度看待人人必經的生老病死；也可以用豁達積極的態度面對現實。

遲暮之年

在船上餐廳吃飯，鄰桌坐著一對美國籍的老先生和老太太，他們自嘲年過八十，大概怕他們彎身閃到腰，所以過海關可以不用脫鞋檢查，還說這是身為美國老人最大福利。

話匣子就此打開，原來老先生退休前是軍人，老太太是護士，他倆原本是中學同學。這些都不稀奇，稀奇的是他們畢業後各奔前程，各自經歷家庭、事業等種種風浪後，在十二年前（七十歲）一場同學會再聚首，從此共同展開人生另一篇章。

我不用「老夫婦」稱呼他們是因為不知道他們的婚姻關係,本來要問,後來想想何必?重點是他倆在一起如此滿足快樂,老太太虧老先生以前不敢追她,卻常和追她的另一個同學吵架,老先生則說老太太總喜歡談「古代歷史」。

我那幾天常想,隨著體力和心態變化,人生不同階段的旅行感受大不相同,年輕時行色匆匆,急著嘗試各種新鮮,深怕錯失任何好康,中年速度較和緩好奇心卻不減,對事物看法較深入,但因理解世界太大,不會試圖看盡所有。

老了以後呢?我不知道,但看著這對名為Joe和Pat的伴侶,我猜想:到了這個年齡,不管用什麼方式旅行?到哪裡去?花多少錢?看什麼?吃什麼?買什麼?通通都不重要了,能夠坐在餐廳裡,腳下是壯闊海水,窗外是美麗夕陽,手中一杯美酒,眼前深愛伴侶,人生至此,夫復何求?

離開餐廳，老婆說她從這頓飯學到兩件事：

一，目前婚姻狀態不佳的人不要急，也不要放棄希望，真命天子很可能還在前方。

二，記得要參加同學會！

People Die

再說起郵輪旅遊的見聞，我們常在媒體上看到有人搭郵輪因生病被船公司「丟包」至某陌生地方，有人在船上往生，郵輪成了「運屍船」，數千乘客被迫與大體共處等新聞，報導角度恐怖驚悚，想要傳遞的信息是：輕鬆悠閒，奢侈豪華渡假行程，竟然發生駭人聽聞事件！

但真的那麼恐怖嗎？幾年前有機會和船長一起吃飯，席間我問他是否真的有人死在郵輪上，他只輕描淡寫說一句：People die！當時我不完全理解這句話的意思，又經過多次航程才逐漸明瞭了……

　　長途郵輪乘客大多是年長者，平均年齡超過七十很正常，八十多、甚至九十多比比皆是，雖說參加這種旅程的人通常健康狀況比較好，但到了這年齡誰身上沒有一些病痛？這些病痛即使不造成立即影響，潛在威脅無刻不在。

　　我在船上碰過肢體殘障的人、罹癌多年的人、漸凍人，剛做完重大心臟手術的人，還有其他慢性病患者就不說了。我一開始不好意思問，卻有好幾個人主動說：如果在旅途中離開這個世界，自己和家人都會欣然接受。

　　仔細想想，為何不？誰規定人只能在醫院或家裡往生？在愉快的渡假心情中，親愛的伴侶陪伴下走入天堂，有什麼不好？從郵輪公司角度看，不要求乘客上船前做健康檢查，就表示船公司也已做好處理應變的準備。

　　至於說生病丟包，郵輪上雖然有診所，但畢竟不

是大醫院，遇到需要深入治療狀況，不將患者就近送到陸上醫療，難道留在船上讓病情惡化？把這說成「丟包」可以吸引眼球，卻不是負責任或合邏輯的說法。

是的，people die，這包括我和你在內的所有人，我們可以用戒慎恐懼、大驚小怪的態度看待人人必經的生老病死；也可以用豁達積極的態度面對現實，把剩餘生命中的每一天活好、活滿！

那些FIRE後的鄰居群像

修車兼健身，一天不動都感覺不舒服，我問他需不
需要偶爾上醫院，他說去「那種地方」幹嘛？

理髮店老闆娘

過去幾年我都在家對面的家庭理髮店理髮，老闆
娘是一位七十六歲的婦人，理了大半輩子的頭，許
多街坊鄰居都被她從小理到大。老闆娘年歲雖長，但
耳聰目明、手腳俐落，尤其特別健談，我知道許多鄰
里八卦或選舉風向等，都來自她口中。

老闆娘老公早逝，兒子在臺北工作，媳婦在竹科
上班，事業做的不錯。老闆娘有一段時間每周三天北
上幫忙照顧孫子，其他時間回南部顧店，為了省時省
錢她大都搭夜間遊覽車，我問她不累嗎？他說看到孫

子就不累了，我再問為何不留在北部，她說只有回到熟悉的南部，才感覺輕鬆。

我勸她如果喜歡南部就應該待著，讓子孫來看她，也可趁機多認識自己老家，她笑笑沒說什麼。一段時間後，果然只有逢年過節她的店才偶爾休息。見到明顯氣色更好，笑容更多的她，我問發生什麼事，她說：「啊就聽你的啊，兒孫自有兒孫福，我留在家裡舒服多了！」

過去一年她的店基本一周開七天，早九晚十，風雨無阻，既是理髮店，也是社區活動據點，對她來說，與其說是開店賺錢，不如說社交會友；替人理髮外，還穿插每天早上炒炒股票，幫鄰居帶帶小孩，小狗小貓，子孫則每隔幾個月來南部走走。

前幾天去理髮我有感而發，說很羨慕她的生活，不但經濟自主，更重要的是生活自主，雖然獨居，但不依賴他人的結果反讓他人更樂意親近；堅持做自己

愛做、會做的事，也讓她的身體和腦袋維持相當程度活動量，比一般老人更健康。

她的回答還是那句：啊就聽你的啊！

單車店老師傅

我擁有時間最長的一臺車是現正在騎的腳踏車，至今已近十五年，它是我送給自己的退休禮物。當時住北京，那年頭越野車很少，騎在路上等紅燈常有人湊過來問：「什麼牌子啊？」「多少錢啊？」「好騎嗎？」我總是藏住得意，冷冷回答：「捷安特唄！」「沒多少錢！」「還行唄！」

我平時出門開車，一開始在車後方裝了一個吊掛腳踏車的架子，只有偶爾開車到郊外才騎車，是休閒工具，後來越來越喜歡騎車的舒暢感，乾脆取代汽車，成了交通工具，有事騎，沒事也騎，汽車反倒變得可有可無，這個習性一直保持到現在。

　　當年離開北京本打算把已騎五六年的老車丟下，到高雄再買新的，搬家打包舊車混在雜物堆中好像在對我眨眼，我不理它，沒想到整理完畢搬家工人指著被晾在一旁的它說：「還有空間，這玩意兒上不上？」既然如此，那就上吧！就這樣，那「玩意兒」飄揚過海來到寶島臺灣。

　　臺灣氣候潮濕，腳踏車停在戶外容易腐蝕生鏽，況且本來就是老車，我早已做好換車準備，有時騎出去故意不鎖，期待某位「善心人士」幫忙解決問題，此人卻始終未出現。

　　老車偶爾出毛病，我在家附近找到一家很不起眼的小店，老闆是一個很不起眼的八十歲老伯，店裡黑摸摸的滿地雜物，唯一長處是修車又快又便宜。好幾次送車去修理或換零件，我期待老闆開一個足以讓我放棄修理的價錢，他卻總是一再讓我失望，而修理好的車又總是好騎到超出我的期望。

後來和老伯熟了，得知他小孩本想接他一起同住，他堅持不肯離開待了近七十年的老窩，一年三百六十五天一個人顧店，年節也不例外。他修車方式很傳統，只用幾個簡單工具，連輪胎打氣都不用電動，而是手壓，他說修車兼健身，一天不動都感覺不舒服，我問他需不需要偶爾而上醫院，他說去「那種地方」幹嘛？

幾年前我搭船旅行，離家五個月，期間高雄經歷多次颱風淹水，回來眼見它不成「車」形，心想時辰已到，推去找修車老伯處理善後，他看了一眼，說兩天後來找我。我兩天後找他，一臺閃閃發亮，比新車還好騎的車出現眼前，我差點沒把老伯抱起來，他只是叼著煙酷酷的說：「新車很快變舊，保養好騎就好！」

就這樣，一轉眼十五個年頭過去了，它還在我家樓下每次出門時對我眨眼，至於我倆還會相處多

久？……只要老伯還修車一天，我就和那玩意兒相處
一天！

　　臺灣快速步入老年化，社會卻顯然還沒做好準
備，與其將未來寄託於子孫或政府，自求多福更實
際得多，如果不知該怎麼做，高雄苓雅區理髮店老闆
娘、單車店老師傅，是值得學習的好榜樣！

Thank God For Another Day

我什麼也沒看破，只是想過好活在世上的每一天！

坐郵輪旅行，船上有位七十七歲的講者，他原在大學教書，是位地質地理學家，這趟航程每隔一兩天開講座向大家介紹沿途所到之處的地理特性，以及相關動植物。這位老先生每次開講前第一句話必是：「Thank God For Another Day.」後來有人好奇問他，他才向大家解釋……

他說他有一個美好而值得的人生，美好並不是指富裕或輕鬆，他出生於戰亂中的歐洲，成長期物質生活匱乏，但家庭和樂，加上戰後社會欣欣向榮，帶來精神滿足。個人成長上，雖然求學過程斷斷續續，最終還是完成職志所在的學科，不但長期以此為業，退休後還靠它環遊世界，與人分享職志的樂趣，夫復何

求？

　　他說來到人生這個階段，尤其經歷過一場嚴重病痛，永遠不知道往後日子還有多長，雖然現今醫藥科技發達，運氣好還可活一二十年，但也搞不好今晚一覺睡下，明早再也醒不過來，而既然如此，那就把每一天都當成人生的最後一天來過，如果幸運還有明天，就算多賺的。

　　這就是他每天跟自己說那句話的原因，已經說了好幾年了。每天醒來都感覺是老天恩賜，他還說早就應該這麼做，因為一旦心態如此，更加珍惜身邊的人事物，遇事也不再拖延推諉，心中曾經有過的怨恨遺憾更是從此一筆勾銷，因為既然沒有明天，記那些幹嘛？

　　最棒的是，他說，當他開始用這種態度面對世界時，世界也開始用和過去不同的態度回饋他，一個正面想法引出另一個正面想法，一個積極行為導致一個

積極結果，一個正向的人影響另一個人更加正向。久而久之，圍繞四周的就全都是正向樂觀，充滿希望的人事物。

這番話聽得我心有戚戚，我曾在三十歲那年經歷過一場生離死別事件，一九九〇年八月，我工作的公司舉辦員工旅遊，在日月潭遊湖發生船難，五十七條生命，包括和我朝夕相處的同事和他們家屬，就此終結，我則歷劫歸來。

事件發生後好幾年，別說大江大海，我連泳池都不敢靠近，午夜夢迴也常被噩夢喚醒。事後我從不與人主動談論，偶爾被問到，剛開始還可以冷靜描述，說著說著就克制不住嚎啕大哭起來，後來也就沒人「敢」再提起。

不知過了多久，某天忽然想通一道理，人生不過數十寒暑，當時離開的只是早走一些而已，留下的，包括自己在內，不久後還是得走，但既然被賦予另一

個演繹生命、實現自我的機會，不好好珍惜愧對老天，愧對老友。

從此，我不再躲避回憶，也不再害怕接近水域，不但重新開始游泳，甚至搭船出海旅行。雖然還是不主動說起，但我知道自己已從事件中逐漸復原……不是遺忘，而是復原！

有人說我在四十五歲退休，並幾度環遊世界，和那場經歷有關，我以前都否認，隨年齡漸長，現在倒覺得潛意識中或許確實曾受到影響，但不是如人所說的「看破生死和名利」，**我什麼也沒看破，只是想過好活在世上的每一天而已**。

這也是在書的結尾我想和讀者共勉的話，**把每一天當成人生最後一天來過，用正面惜福的態度Thank God For Another Day**！如果你是FIRE一族，而且成功達標，恭喜！如果你失敗了，或根本不想FIRE，還是恭喜，不為別的，只為你我今天還活在世上，還

有機會為自己創造幸福，為社群貢獻心力。

我知道明早起床要對自己說什麼，你呢？

老黑 MEMO

FIRE 後的 23 點叮嚀

- FIRE後的生活並非天堂。

- 職志：會做、喜歡做、做了感覺有意義的事。

- 認識阻礙自己從事職志的原因。

- 自我實現不是人生勝利組專利品。

- 學習克服金錢焦慮。

- 學習如何聰明花錢。

- 放下成見，選擇退休居住地。

- 不要停留在過去的事業成就中。

- 走出家庭，放生家人和自己

- 看起來年輕是因為充滿自信。

- 世界就像一本書，不旅行的人只讀其中一頁。

- 只有老時仍會至病榻探病的友誼才是真友誼。

- 人生下半場，不再凡事以功利為出發點。

- 上網無法取代看書。

- 不預設目標，堅持做有興趣的事。

- 照顧身體：飲食、運動、生活習慣。

- 照顧心理：面對、接受、處理、放下。

- 和另一半重建人生下半場新關係。

- 交朋友不設限、不勉強。

- 學習做一個坦白豁達的長者。

- 有病找專業，但要做自己身體主人。

- 獨立、自主，做自己心靈主人。

- 惜福、感恩，過好活在世上每一天。

結語

不只羨慕，要有所行動

　　書看完了，辛苦了！闔上書本感覺是浪費一堆時間，還是頻頻點頭，感覺相見恨晚？如是前者，我很抱歉，建議你把書直接丟垃圾桶別再繼續害人，但如果是後者，建議你把書留在身邊，每隔一段時間拿出來複習一下，更重要的，不要只是看，還要有所行動。

　　按照所處不同人生階段，行動分成三部分……

一、求學階段

- 念有興趣的科系
- 和英文交朋友

- 利用Gap Year到國外度假打工
- 遠離香煙
- 一周至少運動三次
- 學習投資理財
- 培養興趣嗜好
- 閱讀課外書籍
- 假期去旅行
- 參加社團
- 打工
- 戀愛（多談幾場）

二、工作階段

- 聰明工作
- 儲蓄／記帳
- 建立財務目標
- 買保險

- 長期投資理財
- 考慮清楚後結婚／生子
- 買自住房
- 每周運動三次
- 訂出至少三個月閱讀和旅行計畫
- 從事興趣
- 經常檢視並調整工作
- 取得另一半支持
- 縱身一跳

三、人生下半場

- 檢視保險及理財佈局
- 和家人討論住家地點
- 從事職志
- 從事興趣
- 訂出至少三個月閱讀和旅行計畫

- 天天運動／活動
- 做健康檢查
- 檢視交友圈
- 列出願望清單
- 立遺囑

不同人生階段自然有不同側重點，但你或許已注意到有幾件事前後貫穿，包括理財、運動、閱讀、旅行和從事興趣，這幾件事和本書不斷重複的金錢、健康、職志，快樂生活三要素相互呼應，重要性再怎麼強調都不嫌過，越早開始養成習慣越好，但任何時間開始都不嫌晚。

還要提醒你一件事，如果確實執行以上行動計畫，很有可能一段時間後發現自己和主流社會漸行漸遠，思想行為成了親朋好友眼中的怪人，這時該怎麼辦？當然你可以放棄，重回熟悉的舒適圈，但也可以

管他去的，堅持做下去……記得那句話嗎？Who the mala cares！

最後最後，寫完這本書有一種被掏空的感覺，你的隻字片語（長篇大論也行）將是對我，遠超過稿費版稅，更重要的鼓勵和回饋。

E-MAIL：roytien2006@gmail.com

臉書粉絲頁：老黑看世界

VUJ0119

老黑的 FIRE 生活實踐：財務自由，實現自我不是夢

作　者—田臨斌（老黑）
主　編—林潔欣
企　劃—王綾翊
美術設計—江儀玲
內頁排版—游淑萍
第五編輯部總監—梁芳春
董 事 長—趙政岷
出 版 者—時報文化出版企業股份有限公司
　　　　　一〇八〇一九臺北市和平西路三段二四〇號三樓
　　　　　發行專線—（〇二）二三〇六—六八四二
　　　　　讀者服務專線—〇八〇〇—二三一—七〇五
　　　　　　　　　　　（〇二）二三〇四—七一〇三
　　　　　讀者服務傳真—（〇二）二三〇四—六八五八
　　　　　郵撥—一九三四四七二四時報文化出版公司
　　　　　信箱—一〇八九九臺北華江橋郵局第九九信箱
時報悅讀網—http://www.readingtimes.com.tw
法律顧問—理律法律事務所　陳長文律師、李念祖律師
印　刷—勁達印刷有限公司
初版一刷—二〇二〇年十一月十三日
初版六刷—二〇二二年十二月九日
定　價—新臺幣三六〇元
（缺頁或破損的書，請寄回更換）

時報文化出版公司成立於一九七五年，
並於一九九九年股票上櫃公開發行，於二〇〇八年脫離中時集團非屬旺中，
以「尊重智慧與創意的文化事業」為信念。

老黑的 FIRE 生活實踐：財務自由，實現自我不是夢＝ Financial
independence, retire early ／ 田臨斌（老黑）著 . -- 一版 . -- 臺北市：時
報文化, 2020.11
　面；公分 . -
ISBN　978-957-13-8429-0（平裝）
1. 退休　2. 生涯規劃　3. 生活指導
544.83　　　　　　　　　　　　　　　　　　　109016389

ISBN　978-957-13-8429-0
Printed in Taiwan